Rudern

Wissensquiz

100 Quizfragen für Ruderer

Rätsel- und Ratespiel

GRÜBEL GOLD

Kontaktadresse nach EU-Produktsicherheitsverordnung:
info@bookmundo.com

Bookmundo
Delftsestraat 33
3013AE Rotterdam

Gedruckt in Deutschland - FSC-zertifiziertes Papier aus nachhaltig bewirtschafteten Wäldern. **Der Umwelt zuliebe.**

Willkommen bei deinem Wissensquiz zum Thema Rudern!

Wie funktioniert dieses Quiz?

Dein Quizbuch ist ganz einfach strukturiert: Vorne findest du alle Fragen nacheinander. Jede Frage bietet dir vier mögliche Antworten zur Auswahl. Im hinteren Teil des Buches warten dann alle Lösungen auf dich, komplett mit spannenden Hintergrundinfos.

Spielanleitung für Solo-Rätsler:

1. **FRAGE LESEN** – Such dir eine beliebige Frage aus dem vorderen Teil
2. **NACHDENKEN** – Wäge die vier Optionen ab und triff deine Wahl
3. **NOTIEREN** – Markiere deine Antwort (oder merk sie dir)
4. **NACHSCHLAGEN** – Blättere zum Lösungsteil hinten im Buch nach Frage 100.
5. **LERNEN** – Lies die Erklärung – hier erfährst du das "Warum"

Als geselliges Ratespiel für mehrere Personen:

Eine Person übernimmt die Rolle des Quizmeisters und hat das Buch in der Hand.

Der Ablauf:

- Quizmeister stellt eine Frage und nennt die vier Möglichkeiten
- Alle Mitspieler schreiben ihre Antwort heimlich auf einen Zettel
- Auf Kommando decken alle ihre Tipps gleichzeitig auf
- Bei unterschiedlichen Meinungen darf kurz debattiert werden
- Der Quizmeister verrät die korrekte Lösung aus dem Lösungsteil
- Gemeinsam die Hintergrundinfo dazu anhören
- Nächste Frage!

Punktevergabe (falls gewünscht):

- Richtige Antwort beim ersten Versuch = 3 Punkte
- Richtige Antwort nach Gruppendiskussion = 1 Punkt
- Falsche Antwort = 0 Punkte

Team-Modus: Bildet zwei oder mehr Mannschaften. Jedes Team bespricht sich intern und gibt eine gemeinsame Antwort ab. Das Team mit den meisten Punkten am Ende triumphiert!

Auf geht's – 100 spannende Fragen erwarten dich!

1.) Woran erkennt man die Klinkerbauweise eines traditionellen hölzernen Gigbootes?

☐ A: Schmale Holzleisten werden hochkant nebeneinander geklebt und anschließend so verschliffen, dass ihre Fugen außen nicht mehr hervortreten.

☐ B: Die benachbarten Planken überlappen sich an ihren Längskanten, wodurch außen die charakteristischen stufenförmigen Übergänge sichtbar werden.

☐ C: Die Längsplanken stoßen mit ebenen Kanten aneinander und bilden außen eine durchgehend glatte Oberfläche ohne überstehende Fugen.

☐ D: Mehrere dünne Holzlagen verlaufen diagonal über Kreuz und werden flächig zu einer weitgehend nahtlosen Rumpfschale miteinander verleimt.

2.) Welchen besonderen Trainingsrahmen bietet ein herkömmlicher Ruderkasten mit Wasserbecken?

☐ A: Die Mannschaft bewegt ein freies Boot auf einer kurzen Kreisbahn und übt dadurch Kurshalten sowie Kurvenfahrten unter Hallenbedingungen.

☐ B: Ruderplätze bleiben ortsfest, während die Blätter im Wasser arbeiten; dadurch lässt sich Technik unmittelbar neben den Übenden beobachten.

☐ C: Mehrere Ergometer übertragen ihre Leistungen auf einen gemeinsamen Widerstand, wodurch stärkere Mannschaftsmitglieder die schwächeren beim Durchzug mitbewegen.

☐ D: Ein kippbar aufgehängter Rumpf simuliert seitliche Wellenbewegungen, während die Ruderblätter anstelle von Wasser gegen verstellbare Federn arbeiten.

3.) Welche Teile zählen nach den World-Rowing-Regeln zum gewogenen Mindestgewicht eines klassischen Rennruderbootes?

☐ A: Gewogen wird der nackte Rumpf mit Deck, während verschraubte Ausleger und verstellbare Sitzteile zuvor abgenommen werden.

☐ B: Neben dem ausgerüsteten Boot zählen die Startnummer und lose mitgeführte Gegenstände mit, sofern sie während des Rennens an Bord bleiben.

☐ C: Zum Boot gehören dabei auch die notwendigen Einbauten, insbesondere Ausleger, Stemmbretter, Schuhe, Rollschienen und Sitze.

☐ D: Das Gewicht umfasst Rumpf und Einbauten sowie die für die jeweilige Bootsklasse benötigten Skulls oder Riemen.

4.) Welche Bootsbewegung bezeichnen Fachleute beim Rudern als Rollen?

☐ A: Der Rumpf verschiebt sich quer zur Fahrtrichtung, ohne dabei seinen Kurswinkel oder die seitliche Neigung merklich zu verändern.

☐ B: Die Bootsspitzen heben und senken sich gegensinnig, sodass der Rumpf während des Schlages eine nickende Bewegung ausführt.

☐ C: Der Bug schwingt abwechselnd nach links und rechts, während die mittlere Fahrtrichtung des Bootes weitgehend erhalten bleibt.

☐ D: Das Boot kippt seitlich um seine Längsachse, wobei sich die beiden Bordseiten gegensinnig heben und senken.

5.) Woran lässt sich ein klassisches Macon-Blatt an seiner äußeren Form erkennen?

☐ A: Seine Fläche ist annähernd symmetrisch zur Schaftachse verteilt und verbreitert sich zu einer rundlichen, löffelartigen Form.

☐ B: Der größte Teil seiner Fläche liegt unterhalb der Schaftachse; die Außenkante bildet dabei eine breite, annähernd gerade Linie.

☐ C: Eine breite, annähernd rechteckige Blattfläche besitzt beiderseits der Schaftachse gerade Seitenkanten und endet in einer quer verlaufenden Vorderkante.

☐ D: Charakteristisch ist die schmale, nahezu gleich breite Fläche, die vom Schaftansatz bis zur abgerundeten Blattspitze reicht.

6.) Welche Route beschreibt den traditionellen Londoner Championship Course des Boat Race?

☐ A: Die Boote starten bei Henley, fahren an Temple Island vorbei und erreichen nach etwa zwei Kilometern das dortige Regattaziel.

☐ B: Das Rennen beginnt bei Mortlake, umrundet eine Boje an der Hammersmith Bridge und endet wieder am gemeinsamen Ausgangspunkt.

☐ C: Der Kurs führt auf der Themse von Putney nach Mortlake und misst ungefähr 6,8 Kilometer ohne Wendepunkt.

☐ D: Von der Putney Bridge führt der Kurs flussabwärts bis Westminster, wobei die Mannschaften ungefähr sieben Kilometer zurücklegen.

7.) Wie werden Ruderplätze nach der in Deutschland üblichen Zählweise innerhalb eines Mannschaftsbootes nummeriert?

☐ A: Zunächst erhalten die Ruderer auf Backbord fortlaufende Nummern; anschließend werden die Plätze auf Steuerbord entsprechend ihrer Position ergänzt.

☐ B: Die Steuerperson erhält die erste Nummer, danach folgen die Ruderplätze in der Reihenfolge ihres Abstands zum Steuerplatz.

☐ C: Begonnen wird am Bug mit Platz eins; die Zahlen steigen zum Heck, sodass der Schlagplatz die höchste Rudernummer trägt.

☐ D: Die Zählung beginnt am Schlagplatz mit eins und setzt sich entlang der Sitzreihe in Richtung der Bootsspitze fort.

8.) Welche funktionelle Beschreibung passt zur Klasse PR1 im Para-Rudern?

☐ A: Ein erheblich eingeschränktes Sehvermögen erschwert die selbstständige Orientierung auf dem Wasser, während Arme, Rumpf und Beine für einen vollständigen Ruderschlag eingesetzt werden können.

☐ B: Bei stark eingeschränkter oder fehlender Rumpffunktion wird auf einem fest montierten Sitz gerudert; den Antrieb erzeugen dabei vorwiegend Arme und Schultern.

☐ C: Die Beine können den Rollsitz antreiben, während eine eingeschränkte Armfunktion durch besondere Haltevorrichtungen an den Griffen ausgeglichen wird.

☐ D: Die Person kann Arme und Rumpf wirksam einsetzen, erreicht wegen eingeschränkter Beinfunktion jedoch keinen ausreichenden Antrieb über den Rollsitz.

9.) Welche Beschreibung trifft auf die frühen C.R.A.S.H.-B.-Ergometerwettkämpfe zu?

☐ A: Ruderer aus Boston machten aus dem gemeinsamen Wintertraining auf den damals neuen Concept2-Geräten einen Hallenwettkampf mit direktem Leistungsvergleich.

☐ B: Rudervereine aus Nordamerika organisierten einen Fernvergleich auf Concept2-Geräten, bei dem die Teilnehmer ihre Wettkampfzeiten aus den jeweiligen Heimatvereinen einreichten.

☐ C: An der Universität Oxford wurde ein Winterpokal ausgeschrieben, bei dem die addierten Ergometerleistungen der Hochschulachter über den Mannschaftssieg entschieden.

☐ D: Die FISA führte in Luzern einen Ergometertest ein, dessen Ergebnisse über die Vergabe zusätzlicher Startplätze bei Ruderweltmeisterschaften entschieden.

10.) Was bezeichnet die Gesamtanlage bei der Trimmung eines Ruderbootes?

☐ A: Die Neigung der Blattfläche gegenüber der Senkrechten, die sich aus den beteiligten Einstellungen an Ruder und Dolle ergibt.

☐ B: Damit ist der horizontale Winkel zwischen Ruderschaft und Bootslängsachse gemeint, wenn die Person ihre weiteste Auslage erreicht.

☐ C: Der Begriff beschreibt den Neigungswinkel der Rollschienen zum Kiel, durch den die Sitzbewegung zum Stemmbrett beeinflusst wird.

☐ D: Gemeint ist die Schrägstellung des Stemmbrettes zur Wasserlinie, an der sich die Füße während des Durchzuges abstützen.

11.) Welche Information liefert der Drag Factor am Concept2-Ruderergometer?

☐ A: Angezeigt wird das Verhältnis zwischen der Durchzugsdauer und der anschließenden Erholungsphase, das den Rhythmus des Ruderns charakterisiert.

☐ B: Er beschreibt die durchschnittliche Griffkraft eines vollständigen Durchzuges und wird aus der Drehzahländerung während der Zugphase ermittelt.

☐ C: Der Wert gibt die eingestellte Stellung der Luftklappe wieder und bleibt bei gleicher Hebelposition auf jedem Gerät gleich.

☐ D: Aus dem Ausmaß der Abbremsung des Schwungrades in der Phase zwischen zwei Zügen ermittelt der Monitor dessen wirksame Luftwiderstandsbedingungen.

12.) Welche Aufgabe übernimmt die Person auf dem Schlagplatz eines Mannschaftsruderbootes?

☐ A: Die Position dient der Beobachtung gegnerischer Boote; für die eigene Bewegungsfolge richtet sie sich nach dem unmittelbar davor sitzenden Mannschaftsmitglied.

☐ B: Als kräftigstes Mitglied im Mittelschiff bestimmt sie den Krafteinsatz, während der Rhythmus von den Bugplätzen übernommen wird.

☐ C: Vom hecknächsten Ruderplatz gibt sie den zeitlichen Ablauf der Bewegung vor, an dem sich die übrigen Mannschaftsmitglieder während des Ruderns orientieren.

☐ D: Sie gleicht vom vordersten Platz am Bug die seitlichen Kursabweichungen aus und legt dadurch die Schlagfrequenz fest.

13.) Welche Größe beschreibt der Übergriff beim Skullen?

☐ A: Damit wird die zusätzliche Länge bezeichnet, um die der Außenhebel den Innenhebel jenseits der Dolle überragt.

☐ B: Er bezeichnet den Winkel zwischen den beiden Unterarmen, wenn die Hände nach dem Endzug am Körper vorbeigeführt werden.

☐ C: Er beschreibt die Überlappung der beiden Griffenden, wenn die Skulls quer zur Längsachse des Bootes stehen.

☐ D: Gemeint ist der Abstand des Griffendes vom Oberkörper bei vollständig angezogenen Armen am Ende des Durchzugs.

14.) Welche Beschreibung trifft auf den niederländischen Elfstedenroeimarathon zu?

☐ A: Die Teilnehmer bewältigen elf kurze Stadtrennen an aufeinanderfolgenden Wochenenden; ihre Einzelzeiten werden am Saisonende zu einem Gesamtergebnis addiert.

☐ B: Elf Mannschaften rudern gleichzeitig auf einem 20-Kilometer-Rundkurs, bis ihre zusammengezählten Strecken die Länge eines klassischen Marathons erreichen.

☐ C: Eine Tagesregatta verbindet elf Rudervereine am IJsselmeer; an jedem Verein wechseln die Mannschaften in ein dort bereitgestelltes Boot.

☐ D: Die Fahrt führt rund 210 Kilometer durch elf friesische Städte und reicht vom Freitagabend bis in den folgenden Tag.

15.) Welche Rolle spielte der 1836 gegründete Hamburger Ruder-Club in der deutschen Rudergeschichte?

☐ A: Mit seiner Gründung erhielt Deutschland den ersten nationalen Dachverband, der zunächst sämtliche Hamburger Rudervereine unter einem gemeinsamen Namen vereinte.

☐ B: Als erste deutsche Bootswerft mit angeschlossenem Sportverein entwickelte er Serienrennboote, die anschließend an Vereine im Binnenland verkauft wurden.

☐ C: Er war Deutschlands erster Ruderverein; seine Gründung gehört zu den frühen Anfängen des organisierten sportlichen Ruderns auf der Alster.

☐ D: Der Club entstand als erste deutsche Universitätsmannschaft und übernahm dafür die Aufnahmebedingungen der beiden englischen Hochschulclubs.

16.) Welche Zuordnung gilt für die Backbordseite eines Ruderbootes?

☐ A: Backbord bezeichnet die Uferseite beim Anlegen; die Zuordnung richtet sich deshalb nach dem jeweils benutzten Steg.

☐ B: Vom Heck zum Bug gesehen liegt sie links; bei normaler Ruderhaltung befindet sie sich rechts der Rudernden.

☐ C: Die Seite mit dem Riemen des Schlagplatzes heißt Backbord, unabhängig davon, wie das Boot aufgeriggert wurde.

☐ D: Sie liegt links aus Sicht der sitzenden Rudernden und wechselt beim Rückwärtsrudern auf die gegenüberliegende Bootsseite.

17.) Wie überträgt ein übliches Fußsteuer im Ruderboot eine Kurskorrektur auf das Steuerblatt?

☐ A: Die seitliche Drehung eines beweglich gelagerten Schuhs wird über Steuerseile auf das Steuerblatt am Boot übertragen.

☐ B: Der Rudernde verschiebt das Stemmbrett seitlich, wodurch sich der Schwerpunkt verändert und der Rumpf in die Kurve neigt.

☐ C: Zwei gegeneinander bewegliche Fußplatten werden wie Pedale vor und zurück gedrückt; ihre Züge betätigen das Steuerblatt.

☐ D: Die Schuhdrehung verdreht einen flexiblen Steuerdraht um seine Längsachse, der diese Drehbewegung unmittelbar auf das Steuerblatt überträgt.

18.) Welche Aussage zur Entstehung des Deutschen Ruderverbandes trifft zu?

☐ A: 1883 schlossen sich Vertreter deutscher Rudervereine bei einer Versammlung im Kölner Gürzenich zu einem gemeinsamen nationalen Dachverband zusammen.

☐ B: 1892 gründeten deutsche Mitgliedsvereine der FISA in Berlin einen nationalen Verband, um ihre Teilnahme an internationalen Regatten gemeinsam zu organisieren.

☐ C: Die deutschen Hochschulrudervereine gründeten 1877 in Bonn einen Dachverband, dem sich andere Rudervereine erst nach mehreren Jahrzehnten anschlossen.

☐ D: 1912 entstand der Verband in Hamburg aus der deutschen Unterorganisation der FISA und übernahm deren Regeln für nationale Rennen.

19.) Zwei Personen rudern auf Concept2-Geräten gleich lange mit identischer konstanter Pace. Was gilt für die Standard-Kalorienanzeige?

☐ A: Unterschiedliche Pulswerte führen zu unterschiedlichen Ergebnissen, sobald die Geräte dieselbe mechanische Leistung über gleich lange Zeit messen.

☐ B: Die Anzeigen ergeben denselben Wert; eine individuelle Gewichtsberücksichtigung erfolgt bei dieser Standardberechnung auf dem Monitor nicht.

☐ C: Bei höherer Schlagfrequenz steigt der Wert, selbst wenn das angezeigte Tempo während der gesamten Trainingszeit unverändert bleibt.

☐ D: Bei höherer Dämpfereinstellung fällt der angezeigte Wert größer aus, weil die stärkere Schwungradbremsung als zusätzlicher Kalorienaufschlag berücksichtigt wird.

20.) Warum werden fest im Boot verbleibende Ruderschuhe mit voneinander unabhängigen Fersenrückhaltern gesichert?

☐ A: Die Rückhalter lösen unter dem Körpergewicht die gesamte Schuhplatte vom Stemmbrett, damit die Füße gemeinsam mit den Schuhen freikommen.

☐ B: Damit die Schuhsohlen beim Vorrollen parallel bleiben, begrenzen die Bänder seitliches Verdrehen und gleichen unterschiedliche Beinlängen aus.

☐ C: Sie begrenzen das Anheben jeder Ferse, sodass die Füße im Notfall aus den im Boot verbleibenden Schuhen herauskommen können.

☐ D: Die Fersen werden während des Durchzugs aneinandergeführt, damit beide Beine mit gleichem Druck gegen das Stemmbrett arbeiten können.

21.) Welche Beschreibung trifft auf die Anfänge der Henley Royal Regatta zu?

☐ A: 1839 veranstalteten die Stadt und ihre Bewohner ein örtliches Fest mit Ruderrennen; der sportliche Wettbewerb rückte bald in den Mittelpunkt.

☐ B: Bei ihrer Gründung war sie eine Wanderregatta, deren Austragungsort zwischen verschiedenen Orten entlang der Themse jährlich wechselte.

☐ C: Sie entstand 1851 als Einladungstreffen internationaler Nationalmannschaften und erhielt ihren Namen schon mit der ersten Ausschreibung.

☐ D: Die ersten Wettbewerbe wurden auf einem eigens ausgehobenen Seitenkanal ausgetragen, damit Handelsschiffe den Rennbetrieb nicht beeinträchtigten.

22.) Welche Funktion haben Pontons an einem für Para-Rudern eingerichteten Einer?

☐ A: Sie führen den Rumpf in gerader Richtung und übernehmen damit die Aufgabe einer unter dem Boot angebrachten Finne.

☐ B: Ihre Auflage im Wasser nimmt einen Teil der Dollenkräfte auf und begrenzt damit die Durchbiegung der Ausleger während des Durchzuges.

☐ C: Durch zusätzlichen Auftrieb seitlich des Rumpfes erhöhen sie die Kippstabilität und unterstützen eine sichere Sitzposition.

☐ D: Die Schwimmer legen die Eintauchtiefe der Ruderblätter fest, indem sie die Dollen während des Durchzuges auf gleichbleibender Höhe über dem Wasserspiegel halten.

23.) Welche Schlaggestaltung meint das Technikleitbild mit einem vorderzugbetonten Schubschlag?

☐ A: Der Innenhebel wird während der gesamten Wasserarbeit mit gleichbleibender Geschwindigkeit geführt, um Schwankungen der Belastung des Blattes im Wasser zu vermeiden.

☐ B: Nach frühem Druckaufbau beim Wasserfassen wird der Durchzug zusammenhängend fortgeführt, während die Geschwindigkeit des geführten Innenhebels weiter zunimmt.

☐ C: Nach einem kräftigen Ansatz folgt eine kurze Entlastung im Mittelzug, bevor der Oberkörper den Endzug erneut beschleunigt.

☐ D: Die Kraft wird zunächst zurückgehalten und erreicht ihr Hauptgewicht beim abschließenden Armzug nach der vollständigen Beinstreckung.

24.) Was bedeutet die Anzeige „2:00/500 m“ als momentane Pace auf einem Ruderergometer?

☐ A: Bei gleichbleibendem angezeigtem Tempo würden 500 Meter zwei Minuten dauern; niedrigere Zeitwerte entsprechen einem schnelleren Tempo.

☐ B: Für den zuletzt vollständig abgeschlossenen Trainingsabschnitt wurden zwei Minuten gemessen; seine Länge wird automatisch auf 500 Meter gesetzt.

☐ C: Für die noch verbleibenden 500 Meter einer eingestellten Gesamtstrecke prognostiziert das Gerät eine Restzeit von zwei Minuten.

☐ D: Die Anzeige beschreibt das Verhältnis von Durchzug und Erholung, bei dem zwei Zeiteinheiten auf die belastete Bewegung entfallen.

25.) Welche Folge hat der erste Fehlstart einer noch unverwarnten Mannschaft nach den klassischen Ruderwettkampfregeln des DRV?

☐ A: Vor dem erneuten Start muss die Mannschaft eine Bootslänge zurückgesetzt werden, um den gewonnenen Bewegungsvorsprung auszugleichen.

☐ B: Das Rennen läuft weiter; die Mannschaft erhält am Ziel einen Zeitzuschlag, dessen Höhe von der geruderten Strecke abhängt.

☐ C: Die Mannschaft verliert ihren ausgelosten Startplatz und muss beim Neustart auf einer vom Starter bestimmten Außenbahn antreten.

☐ D: Die Boote werden zurückgerufen und die Mannschaft wird verwarnt; ein weiterer Fehlstart bei bestehender Verwarnung führt zum Ausschluss.

26.) Welche Konstruktion hilft modernen Coastal-Rennbooten besonders beim Umgang mit überkommendem Wasser?

☐ A: Die breiten, stabilen Rümpfe besitzen eine Selbstlenzung, häufig über einen nach hinten entwässernden Innenraum mit offenem Heck.

☐ B: Durch schmale Rümpfe und stark erhöhte Bordwände wird verhindert, dass seitlich auftreffende Wellen die Sitzplätze erreichen können.

☐ C: Geschlossene Sitzluken werden an der Taille abgedichtet und halten den Innenraum auch beim Durchfahren brechender Wellen weitgehend trocken.

☐ D: Ein vertiefter Innenraum sammelt das Wasser unterhalb des Rollsitzes, damit es die Bewegung der Mannschaft möglichst wenig behindert.

27.) Wie arbeitet die Mannschaft beim DRV-Kommando „Wende über Backbord“ mit den Rudern?

☐ A: Beide Seiten rudern vorwärts, wobei die Backbordseite längere Schläge ausführt und dadurch den Bug nach Backbord zieht.

☐ B: Zunächst stoppt die Steuerbordseite das Boot; anschließend rudert Backbord kräftig vorwärts, während Steuerbord das Blatt liegen lässt.

☐ C: Auf Backbord wird rückwärts gerudert; danach folgt ein Vorwärtsschlag auf Steuerbord, während das andere Blatt mitgeführt wird.

☐ D: Backbord beginnt mit einem Vorwärtsschlag und Steuerbord folgt rückwärts, sodass beide Seiten abwechselnd entgegengesetzten Vortrieb erzeugen.

28.) Welche technische Entwicklung ging dem heutigen Rollsitz im Sportboot unmittelbar voraus?

☐ A: Die frühen Sitze hingen an kurzen Pendelarmen und bewegten sich beim Beinstoß auf einer kreisförmigen Bahn.

☐ B: Erprobt wurden Gleitsitze auf Schienen ohne Rollen; verringerte Reibung sollte die Längsbewegung des Körpers im Boot erleichtern.

☐ C: Zunächst führte man bewegliche Fußstützen ein, deren Schlitten den noch fest montierten Sitz während des Durchzugs entlastete.

☐ D: Bootsbauer montierten zuerst drehbare Sitze, damit der Oberkörper dem seitlichen Schwenken des Riemens ohne Beinarbeit folgen konnte.

29.) Zwischen welchen Bezugspunkten misst man die Dollenhöhe, wenn der Rollsitz für die Messung in seiner heckwärtigen Position steht?

☐ A: Als Bezug dienen die Rollschiene und der höchste Punkt des Auslegerbogens, deren Abstand bei unbeladenem Boot ermittelt wird.

☐ B: Der Wert entsteht aus dem Abstand zwischen Wasseroberfläche und oberem Ende des Dollenstifts bei vollständig besetztem Boot.

☐ C: Dabei misst man von der oberen Bordwandkante bis zur Blattmitte, während das Ruder rechtwinklig zur Bootsachse eingelegt ist.

☐ D: Gemessen wird senkrecht zwischen dem tiefsten Punkt der Sitzfläche und der waagerechten Auflagefläche des Ruders in der Dolle.

30.) Was bezeichnet eine Renngemeinschaft im Regattarudern nach den Wettkampfregeln des Deutschen Ruderverbandes?

☐ A: Eine Mannschaft wird aus Rudernden mehrerer Verbandsvereine zusammengestellt; ihre Zulassung richtet sich nach den Bestimmungen des jeweiligen Rennens.

☐ B: Eine Gruppe aus Vereinsmitgliedern, die gemeinsam trainiert, ihre Wettkämpfe aber weiterhin in getrennten Booten ihres jeweiligen Vereins bestreitet.

☐ C: Der Begriff beschreibt einen Zusammenschluss von Regattaveranstaltern, deren Rennen über die Saison hinweg in eine gemeinsame Wertung eingehen.

☐ D: Damit ist die vereinsinterne Auswahlmannschaft gemeint, in der die schnellsten Rudernden verschiedener Trainingsgruppen desselben Clubs zusammengeführt werden.

31.) Was änderte sich 2017 an der internationalen Wettkampfstrecke im Para-Rudern?

☐ A: Die bisherige Kilometerstrecke wurde durch zwei getrennte Läufe ersetzt, deren Fahrzeiten gemeinsam über das Gesamtergebnis entschieden.

☐ B: Für jede Funktionsklasse wurde eine eigene Streckenlänge festgelegt, um die unterschiedlichen Bewegungsmöglichkeiten über die Renndistanz auszugleichen.

☐ C: Die Renndistanz wurde von 1000 auf 2000 Meter verlängert; diese Änderung galt für sämtliche damaligen Para-Bootsklassen.

☐ D: Bei Mannschaftsbooten kam eine Wendeboje auf halber Strecke hinzu, damit die gesamte Distanz auf kleineren Regattaseen ausgetragen werden konnte.

32.) Was kennzeichnet die erste Laktatschwelle in einem ansteigenden Belastungstest auf dem Ruderergometer?

☐ A: Sie entspricht der Leistung, bei der die Sauerstoffaufnahme trotz weiterer Belastungssteigerung erstmals keine zusätzliche Zunahme mehr zeigt.

☐ B: Gemeint ist die Intensität des höchsten absoluten Fettumsatzes, die aus dem Austausch der Atemgase während des Tests berechnet wird.

☐ C: Der Messpunkt bezeichnet die Belastung mit der höchsten längerfristig stabilen Laktatkonzentration und wird durch mehrere Dauertests bestätigt.

☐ D: An diesem Übergang beginnt die im Blut gemessene Laktatkonzentration gegenüber dem zuvor niedrigen Ausgangsniveau erkennbar und systematisch anzusteigen.

33.) Wie erfolgt der normale Fahnenstart eines klassischen Rennens nach den Ruderwettkampfregeln des DRV?

☐ A: Mit dem Hochziehen der roten Fahne wird das Rennen freigegeben; das anschließende Kommando „Los“ bestätigt die ordnungsgemäße Ausrichtung.

☐ B: Zunächst hebt der Seitenrichter die grüne Fahne, danach beginnt der Starter durch drei gleichmäßig aufeinanderfolgende Glockenschläge das Rennen.

☐ C: Nach dem Mannschaftsaufruf folgen „Achtung“, Heben der roten Fahne und nach variabler Pause „Los“ mit gleichzeitigem Senken.

☐ D: Der Starter nennt nach dem Aufruf eine feste Restzeit von fünf Sekunden und senkt bei deren Ablauf die weiße Fahne.

34.) Welche Beschreibung passt zur Rennbootwerft Empacher?

☐ A: Es handelt sich um den italienischen Rennbootshersteller aus Donoratico, dessen weiße Rümpfe häufig mit blauen Details auftreten.

☐ B: Ihre Rennboote entstehen in einer kanadischen Werft bei London in Ontario, die zugleich das nordamerikanische Kundenzentrum betreibt.

☐ C: Die Marke gehört zu einem amerikanischen Ergometerhersteller, der seine Ruderboote gemeinsam mit den Trainingsgeräten in Vermont produziert.

☐ D: Das Unternehmen fertigt seine bekannten Rennruderboote in Eberbach am Neckar und ist für die gelbe Bootslackierung bekannt.

35.) Was bedeutet „Abdrehen“ der Ruderblätter im normalen Ruderschlag?

☐ A: Beim Vorrollen werden beide Innenhebel seitlich vom Körper weggeführt, sodass sich der Abstand der Hände zueinander gleichmäßig vergrößert.

☐ B: Eine Drehung des Griffs vergrößert in der Auslage den Blattwinkel zur Bootsachse und verlängert damit den wirksamen Durchzug.

☐ C: Das Blatt wird im letzten Durchzugsabschnitt schräg gestellt, damit der Wasserdruck beim anschließenden Ausheben allmählich nachlässt.

☐ D: Nach dem Ausheben wird das Blatt um die Schaftachse in eine annähernd waagerechte Stellung für die Freilaufphase gedreht.

36.) Über welche Distanz wurden die olympischen Ruderwettbewerbe der Frauen von 1976 bis einschließlich 1984 ausgetragen?

☐ A: In Vorläufen wurden 500 Meter gerudert, während die längeren Finalläufe bereits über die volle Männerdistanz führten.

☐ B: Die Rennen gingen über 1500 Meter; damit lag ihre Streckenlänge zwischen der Juniorendistanz und jener der Männer.

☐ C: Es waren 1000 Meter; bei den Spielen 1988 in Seoul wurde die olympische Frauenstrecke auf 2000 Meter verlängert.

☐ D: Die Einer und Doppelzweier fuhren 2000 Meter, während die größeren Mannschaftsboote eine auf 1000 Meter verkürzte Strecke nutzten.

37.) Wie sind die arbeitenden Ruder bei einem vollständig besetzten Doppelachter auf die beiden Bootsseiten verteilt?

☐ A: Vier Ruder arbeiten auf jeder Seite; jeweils zwei benachbarte Sportler teilen sich dabei einen gemeinsamen Bewegungsbereich.

☐ B: Die vorderen vier Plätze bedienen Backbord, die hinteren vier Steuerbord; ein Seitenwechsel erfolgt durch Umsetzen der Mannschaft.

☐ C: Zwei gegenüberliegende Sitzreihen führen je vier lange Ruder, deren Griffe sich über der gemeinsamen Mittellinie begegnen.

☐ D: Auf jeder Seite arbeiten acht Skulls; damit greifen die Blätter aller acht Ruderplätze auf beiden Seiten ins Wasser.

38.) Wodurch unterscheidet sich ein dynamisches Ruderergometer grundsätzlich von einem stationär aufgestellten Gerät?

☐ A: Eine bewegliche Griffaufnahme erlaubt die seitliche Führung beider Hände, während Fußauflage und Schwungrad wie beim gewöhnlichen Ergometer feststehen.

☐ B: Der Rollsitz bewegt sich auf einer verlängerten Bahn, sodass die Beine weiter angezogen werden können und der Zugweg dadurch zunimmt.

☐ C: Das Gerät verändert während jedes Zuges elektronisch die Widerstandsstufe, um die Wasserbelastung eines realen Ruderblattes nachzubilden.

☐ D: Die Fußauflage oder die Geräteeinheit kann längs mitbewegt werden, sodass sich die Körpermasse gegenüber dem Raum weniger stark verschiebt.

39.) Welche Aussage beschreibt die Gründung des internationalen Ruderverbandes FISA zutreffend?

☐ A: Aus dem Veranstalter der ersten Ruderweltmeisterschaften 1962 in Luzern entwickelte sich der Verband als Nachfolger der kontinentalen Meisterschaftsorganisation.

☐ B: Im Jahr 1900 entstand der Verband in Paris aus dem Organisationskomitee der ersten ausgetragenen olympischen Ruderregatta.

☐ C: Britische Universitätsclubs gründeten 1829 in London einen internationalen Zusammenschluss, dem sich die Ruderverbände des Kontinents später anschlossen.

☐ D: In Turin gründeten Vertreter mehrerer europäischer Ruderverbände im Jahr 1892 eine internationale Organisation zur gemeinsamen Regelung ihres Sports.

40.) Welche Bauweise kennzeichnet einen Flügelausleger an einem modernen Skullboot?

☐ A: Ein schmaler Längsträger verbindet die Ausleger benachbarter Plätze und verteilt deren Kräfte über die gesamte Länge des Bootes.

☐ B: Ein quer über dem Boot befestigter Profilträger trägt die beiden Dollen und leitet ihre Kräfte in den Rumpf ein.

☐ C: Zwei einzelne Rohrgestänge werden seitlich an den Spanten verschraubt und tragen die Dollen unabhängig voneinander außerhalb des Rumpfes.

☐ D: Die Dollenstifte sitzen auf erhöhten Bordwänden, deren seitliche Verlängerungen den notwendigen Abstand zur schmalen Wasserlinie herstellen.

41.) Was bezeichnet das maximale Laktat-Steady-State bei einem Ausdauertest auf dem Rudererergometer?

☐ A: Er bezeichnet die höchste Leistung eines kurzen Startsprints, bevor der Muskel zunehmend auf andere verfügbare Energiespeicher zurückgreifen muss.

☐ B: Gemeint ist die Ergometerleistung, bei der die höchste Sauerstoffaufnahme erstmals während eines ansteigenden Stufentests erreicht wird.

☐ C: Gemeint ist die höchste über längere Zeit aufrechterhaltene Belastung, bei der die Blutlaktatkonzentration während gleichmäßiger Arbeit noch weitgehend stabil bleibt.

☐ D: Der Messpunkt beschreibt den ersten erkennbaren Anstieg des Blutlaktats über seinen Ausgangswert bei zunehmender Ruderleistung.

42.) Welche Bewegungsfolge kennzeichnet den Beginn eines technisch sauberen Durchzugs beim Rudern?

☐ A: Die Ellenbogen werden zuerst gebeugt, damit die Hände den Wasserwiderstand abfangen, bevor die Beine Druck aufbauen.

☐ B: Beinbewegung, Armbeugung und vollständiges Aufrichten des Rumpfes beginnen gleichzeitig, damit alle Körpersegmente ihre Endstellung gemeinsam erreichen.

☐ C: Die Beine beginnen zu strecken; zunächst weitgehend gestreckte Arme und ein stabilisierter Rumpf übertragen die Kraft.

☐ D: Mit einem frühen Zurückschwingen des Oberkörpers wird das Blatt belastet, während der Rollsitz zunächst seine Position hält.

43.) Wie führt eine Wanderrudermannschaft ihre Halteleinen während des Füllens oder Leerens einer Schleusenkammer?

☐ A: Die Halteleinen werden mit großer Lose festgeknotet; ausreichender Durchhang macht ein Nachführen während der gesamten Schleusung entbehrlich.

☐ B: Nach dem Anlegen genügt eine lose Heckleine; die Längenanpassung erfolgt erst beim erneuten Öffnen der Schleusentore.

☐ C: Sie verknotet beide Leinen straff am Boot, damit Ausleger und Dollen nicht gegen die Schleusenwand schlagen.

☐ D: Die Leinen bleiben jederzeit lösbar und werden dem Wasserstand angepasst, ohne sie am Boot fest zu belegen.

44.) Welche Aufgabe verbindet die klassische CoxBox unmittelbar mit der Arbeit einer Steuerperson?

☐ A: Das Gerät empfängt Funksprüche aus dem Trainerboot und wandelt sie während des Rennens in sichtbare Signale für die Mannschaft um.

☐ B: Über Mikrofon und Lautsprecher verstärkt sie Kommandos im Boot; außerdem unterstützt sie die Beobachtung von Schlagzahl und Zeit.

☐ C: In ihrem Gehäuse werden Steuerseile zusammengeführt, deren unterschiedliche Spannung eine Anzeige der tatsächlich gefahrenen Kurvenradien ermöglicht.

☐ D: Sie verarbeitet die auf beiden Bootsseiten gemessenen Zugkräfte und berechnet daraus die erforderliche Stellung des Heckruders.

45.) Auf welchem Gewässer fanden 1900 die ersten tatsächlich ausgetragenen olympischen Ruderwettbewerbe statt?

☐ A: Die Veranstalter nutzten den Lac d'Enghien außerhalb der Innenstadt und richteten dort eine gerade Regattabahn ein.

☐ B: Gerudert wurde auf der Seine bei Paris, auf einem Abschnitt zwischen den Brücken von Courbevoie und Asnières.

☐ C: Der Lac Daumesnil bot innerhalb von Paris eine geschlossene Wasserfläche, auf der die Wettbewerbe ohne Flussströmung stattfanden.

☐ D: Als Austragungsort diente die Marne bei Joinville, deren dortige Rudervereine die Boote und die Wettkampfstrecke bereitstellten.

46.) Wie wird bei World-Rowing-Mastersregatten das Alter einer Rudermannschaft für die Altersklasse bestimmt?

☐ A: Aus den gemeldeten Geburtsjahren wird das mittlere Lebensalter einschließlich der Steuerperson für das gesamte Boot ermittelt.

☐ B: Maßgeblich ist das jüngste Mitglied, weil dessen Jahrgang für die gesamte Mannschaft als gemeinsamer Bezugspunkt dient.

☐ C: Entscheidend ist der Durchschnitt der Rudernden; das Alter einer mitfahrenden Steuerperson wird dabei nicht mitgerechnet.

☐ D: Die Altersangabe des Schlagplatzes bestimmt die Klasse, während die anderen Mitglieder lediglich das Mindestalter erfüllen müssen.

47.) Wer malte das 1871 entstandene Ruderbild „The Champion Single Sculls“, auch bekannt als „Max Schmitt im Einer“?

☐ A: Claude Monet nahm einen Besuch bei einer Ruderregatta zum Anlass, den siegreichen Einerfahrer in einer ruhigen Trainingspause festzuhalten.

☐ B: Das Gemälde stammt von Winslow Homer, der darin einen Skuller vor dem Hintergrund der nordamerikanischen Küstenlandschaft darstellte.

☐ C: Thomas Eakins schuf das Werk; der dargestellte Sportler war ein Schulfreund des ebenfalls ruderbegeisterten amerikanischen Malers.

☐ D: Gustave Caillebotte porträtierte darin einen amerikanischen Gast, der bei einer Regatta auf der Seine angetreten war.

48.) Wie unterscheidet sich die Bewegungsmechanik eines Rollauslegerbootes von der eines gewöhnlichen Rollsitzbootes?

☐ A: Der Sitz bleibt am Rumpf fest; Ausleger und Stemmbrett bewegen sich gemeinsam längs zum Boot unter dem Sportler.

☐ B: Die Dollen fahren einzeln quer zur Bootsachse nach außen und vergrößern während der Beinbewegung den Abstand zwischen beiden Rudern.

☐ C: Beim Beinstoß gleitet die gesamte Sitzanlage samt Ausleger nach hinten, während das Stemmbrett fest mit dem Rumpf verbunden bleibt.

☐ D: Ein drehbarer Ausleger führt beide Skulls um den Sitz herum, sodass der Sportler den Durchzug ohne Längsbewegung der Füße ausführt.

49.) Was passiert rechnerisch mit der Concept2-Wattanzeige, wenn die Pace von 2:00 auf 1:00 Minute pro 500 Meter fällt?

☐ A: Die Leistung steigt auf das Achtfache, denn die angezeigte Geschwindigkeit geht mit ihrer dritten Potenz in die Berechnung ein.

☐ B: Die Leistung verdoppelt sich ungefähr, weil für dieselbe Strecke bei gleichbleibender Arbeit nur halb so viel Zeit benötigt wird.

☐ C: Der Leistungswert bleibt zunächst gleich, solange sich die Schlagfrequenz und die gewählte Dämpferstellung am Gerät nicht verändern.

☐ D: Es ergibt sich etwa die vierfache Leistung, da mit der doppelten Geschwindigkeit auch der zurückgelegte Weg pro Schlag verdoppelt wird.

50.) Wohin gehört der erste Fuß beim üblichen Einsteigen vom Steg in ein Rennruderboot?

☐ A: Auf das dafür vorgesehene Einsteigebrett, damit das Körpergewicht von einer tragfähigen Stelle aufgenommen wird, bevor man sich hinsetzt.

☐ B: An die Innenseite der Bootshaut neben dem Stemmbrett, weil dort der kürzeste Weg in die befestigten Ruderschuhe entsteht.

☐ C: Auf den vorgeschobenen Rollsitz, dessen Beweglichkeit das Verlagern des Körpergewichts während des anschließenden Hinsetzens erleichtern soll.

☐ D: In die freie Rumpfmitte zwischen den Rollschienen, damit die Belastung möglichst tief liegt und das Boot weniger kippt.

51.) Welche Bauvorgabe erleichtert nach World Rowing den Transport von Rennachtern?

☐ A: Die Gesamtlänge ist auf die Innenlänge eines üblichen Frachtcontainers begrenzt, sodass keine Verbindung innerhalb des Rumpfes benötigt wird.

☐ B: Die Rumpftrennung muss genau zwischen den mittleren Sitzplätzen liegen und das Boot in zwei gleich lange Transportabschnitte aufteilen.

☐ C: Die Ausleger müssen mit Schnellverschlüssen ausgestattet sein, sodass sie sich beim Verladen ohne Werkzeug vollständig vom Rumpf lösen lassen.

☐ D: Der Rumpf muss aus mindestens zwei trennbaren Abschnitten bestehen, von denen keiner länger als 11,90 Meter ist.

52.) Welche unmittelbare Körperreaktion macht eine Kenterung in kaltem Wasser besonders gefährlich?

☐ A: Zuerst versagt gewöhnlich die Beinmuskulatur durch örtliche Krämpfe, während Atmung und Kreislauf in dieser Anfangsphase weitgehend stabil bleiben.

☐ B: Unwillkürliches Luftholen und eine stark beschleunigte Atmung können dazu führen, dass Wasser in die Atemwege gelangt.

☐ C: Die Körperkerntemperatur fällt innerhalb weniger Sekunden so stark, dass die Bewusstlosigkeit typischerweise noch vor Atemproblemen eintritt.

☐ D: Ein ausgeprägter Tauchreflex hält die Atmung zunächst an; vor allem der dabei entstehende Sauerstoffmangel löst die erste Krise aus.

53.) Welche Hauptaufgabe übernimmt der Seitenrichter beim Ausrichten der Boote für einen klassischen Regattastart?

☐ A: Er kontrolliert die gemeldeten Mannschaftsmitglieder und entscheidet, ob kurzfristige Umbesetzungen noch vor dem Aufruf der Startbahnen zulässig sind.

☐ B: Durch Beobachtung der ersten Ruderschläge bestimmt er die Reaktionszeiten und übermittelt deren Mittelwerte an die elektronische Zeitnahme.

☐ C: Er überwacht seitlich die Lage der Bugspitzen zur Startlinie und zeigt dem Starter an, wenn die Ausrichtung stimmt.

☐ D: Er prüft die seitlichen Abstände der Ruderblätter und verschiebt anschließend die Bahnzuweisung nach der Auslegerbreite der einzelnen Boote.

54.) Welche olympische Bilanz erreichte Elisabeta Lipă zwischen 1984 und 2004?

☐ A: Sie gewann fünf Goldmedaillen im Einer und blieb damit über ihre gesamte olympische Laufbahn in derselben Bootsklasse.

☐ B: Zu ihren fünf Goldmedaillen kamen zwei Silbermedaillen und eine Bronzemedaille; sie startete dabei für Rumänien.

☐ C: Nach vier olympischen Teilnahmen standen fünf Goldmedaillen fest; ihre letzte Regatta bei Sommerspielen bestritt sie in Sydney.

☐ D: Vier ihrer fünf Goldmedaillen stammen aus dem Doppelvierer, während der letzte Titel in Athen im Doppelzweier hinzukam.

55.) Welche Aufgabe erfüllt das Stemmbrett während eines Ruderschlags?

☐ A: Es schließt den Fußraum als wasserdichte Trennwand ab und schafft dort eine zusätzliche Auftriebsreserve für das Boot.

☐ B: Die Fußstütze überträgt die Beinkraft auf das Boot und lässt sich an die Körperproportionen anpassen.

☐ C: Es verbindet die beiden Ausleger untereinander und hält dadurch den Abstand der Dollen während des Durchzugs konstant.

☐ D: Es führt den Rollsitz auf einer festgelegten Bahn und begrenzt dessen seitliches Spiel beim kräftigen Beinstoß.

56.) Welches Vorrecht erhält die Mannschaft, die vor dem Boat Race den Münzwurf gewinnt?

☐ A: Der siegreiche Club bestimmt den genauen Startzeitpunkt innerhalb des vorgesehenen Flutfensters und beeinflusst damit die Stärke der unterstützenden Strömung.

☐ B: Für die erste Flussbiegung erhält sie das Vorrecht auf die Ideallinie, während die andere Mannschaft zunächst ausweichen muss.

☐ C: Sie entscheidet, welcher der beiden Achter seine Aufwärmfahrt zuerst beendet, und kann dadurch die Reihenfolge der Startvorbereitung festlegen.

☐ D: Sie darf zwischen den Stationen Middlesex und Surrey wählen und damit ihre Ausgangsseite auf dem Fluss bestimmen.

57.) Was kennzeichnet im Technikleitbild einen kontrollierten Übergang vom Endzug zum Vorrollen?

☐ A: Die Arme bleiben bis zur halben Rollbahn gebeugt, um die Griffe anschließend mit höherem Tempo vor die Knie zu bringen.

☐ B: Nach dem Ausheben werden zunächst die Knie angezogen, damit der Oberkörper ohne eigene Hüftbewegung in die Auslage gelangt.

☐ C: Der Rollsitz setzt sich zuerst in Bewegung, während die Hände am Körper warten und erst über den ansteigenden Knien nach vorn gehen.

☐ D: Die Hände werden weggeführt und der Oberkörper vorbereitet; erst nach dem Passieren der Knie setzt die Rollbewegung ein.

58.) Zwischen welchen Punkten wird der Dollenabstand an einem Skullplatz gemessen?

☐ A: Er wird quer zum Boot zwischen den Mittelpunkten der beiden gegenüberliegenden Dollenstifte desselben Ruderplatzes gemessen.

☐ B: Die Strecke verbindet die Mittelpunkte zweier benachbarter Dollenstifte auf derselben Bootsseite und beschreibt den Abstand der Ruderplätze.

☐ C: Gemessen wird die freie Breite zwischen den beiden Innenseiten der Dollen, während die Skulls vollständig herausgenommen sind.

☐ D: Das Maß verläuft von der Mittellinie des Bootes zur äußeren Anlagefläche der Dolle auf der jeweiligen Seite.

59.) Welches Rennkonzept kennzeichnet die deutsche Ruder-Bundesliga?

☐ A: Achter bestreiten kurze Sprintrennen von grundsätzlich etwa 350 Metern; Tagesplatzierungen bringen Punkte für eine übergreifende Ligawertung.

☐ B: Mannschaftsrennen über 1000 Meter werden in verschiedenen Bootsklassen ausgetragen; deren Platzierungen gehen anschließend in eine gemeinsame Wertung der Vereine ein.

☐ C: Vereinsmannschaften treten im Einer zu Langstreckenrennen an; die addierten Einzelzeiten bestimmen anschließend die gemeinsame Tabellenposition.

☐ D: Die Liga verbindet Ergometerqualifikationen mit anschließenden Wasserwettkämpfen im Doppelzweier über die klassische internationale Renndistanz von 2000 Metern.

60.) Welche Abfolge kann nutzbaren Arbeitswinkel beim Wasserfassen verschenken?

☐ A: Die Beine erzeugen bereits eine deutliche Griffbewegung, während das aufgedrehte Blatt den Kontakt zum Wasser erst noch erreicht.

☐ B: Nach dem Setzen der Blätter beginnen die Knie sich zu strecken, wobei die Ellenbogen zunächst weitgehend gestreckt bleiben.

☐ C: Der Druck gegen das Stemmbrett nimmt zu, sobald die Blätter vollständig im Wasser stehen und die Hände ihre Höhe halten.

☐ D: Beim letzten Teil des Vorrollens drehen sich die Blätter senkrecht, bevor der Griff seinen vordersten Punkt erreicht.

61.) Welche Entwicklung führte Concept2 1991 mit dem Big Blade in den Rudersport ein?

☐ A: Ein besonders langes und schmales Blatt sollte bei unveränderter Ruderlänge die Belastung über einen größeren Tiefenbereich des Wassers verteilen.

☐ B: Eine asymmetrische, beilartige Blattform veränderte die Flächenverteilung gegenüber den zuvor verbreiteten symmetrischen Löffelblättern im Rennrudern.

☐ C: Anstelle der bisherigen Mittelrippe erhielt das Blatt eine durchgehend glatte Fläche bei beibehaltener asymmetrischer Grundkontur und ähnlicher äußerer Abmessung.

☐ D: Die zuvor schmalen Löffelblätter wurden gleichmäßig zu beiden Seiten der Schaftachse verbreitert, wobei die rundliche Kontur grundsätzlich erhalten blieb.

62.) Wie entsteht der Trainingswiderstand bei einem klassischen WaterRower?

☐ A: Die Tankfüllung belastet einen Bremsring am Schwungrad, sodass dessen Reibung die benötigte Zugkraft während des Ruderns vorgibt.

☐ B: Der Griff bewegt ein Paddel durch Wasser im Tank; bei kräftigerem Ziehen steigt der zu überwindende Widerstand.

☐ C: Ein Schwungrad im Wasserbehälter treibt eine Hydraulikpumpe an, deren Ventilstellung den Widerstand während des Durchzugs festlegt.

☐ D: Wasser wird beim Zug zwischen zwei Kammern verdrängt, während die Größe der Verbindungsöffnung die Belastung bestimmt.

63.) Der Bugperson wurde im ungesteuerten Boot der Ausguck übertragen. Was gehört unmittelbar zu dieser Aufgabe?

☐ A: In einer Gruppe orientiert sie sich am Kurs des vorausfahrenden Vereinsbootes und übernimmt erst beim Ausscheren wieder die Beobachtung nach vorn.

☐ B: Durch regelmäßige Blicke in Fahrtrichtung erkennt sie Hindernisse und meldet erforderliche Maßnahmen rechtzeitig an die übrige Mannschaft.

☐ C: Anhand der seitlichen Abstände ihrer Blätter zum Ufer beurteilt sie, ob das Fahrwasser vor dem Bug frei ist.

☐ D: Sie prüft vor Belastungsserien das Fahrwasser; bis zur nächsten Erholung beobachtet sie anschließend den Mannschaftsrhythmus.

64.) Welche Aufgabe erfüllt der vorgeschriebene Bugball eines Rennruderbootes?

☐ A: Er verbessert die Erkennbarkeit der Bugspitze und entschärft deren Form, damit ein Zusammenstoß weniger leicht Verletzungen verursacht.

☐ B: Seine Oberfläche löst die Bugwelle früher vom Rumpf und vermindert dadurch den Widerstand während der ersten kräftigen Startschläge.

☐ C: Bei Kontakt mit einem Hindernis soll die Befestigung nachgeben, damit die frei werdende Spitze seitlich am Hindernis vorbeigleitet.

☐ D: Der Ball dient als austauschbarer Gewichtsausgleich, mit dem die Mannschaft den Längstrimm vor dem Rennen präzise einstellen kann.

65.) Welcher Punkt entscheidet bei einer klassischen Ruderregatta über das Erreichen der Ziellinie?

☐ A: Entscheidend ist die vordere Kante des ersten Ruderblattes, das auf einer der beiden Bootsseiten die Ziellinie erreicht.

☐ B: Die Zeit wird genommen, sobald die Bugperson mit ihrem Oberkörper die gedachte senkrechte Ebene zwischen den Zielmarkierungen durchfährt.

☐ C: Das Rennen endet erst, wenn das gesamte Boot einschließlich Heck und aller eingelegten Ruder vollständig hinter der Ziellinie liegt.

☐ D: Der Bug des Bootes erreicht die Ziellinie; die Position eines Ruderblattes oder der Köpfe der Besatzung ist dafür nicht maßgeblich.

66.) Welches Bewegungsmuster wird im Rudersport als „Kiste schieben“ bezeichnet?

☐ A: Beim Anrollen steigt die Sitzgeschwindigkeit stark an, bevor die Bewegung kurz vor dem nächsten Wasserfassen abrupt abgebremst wird.

☐ B: Die Arme beginnen den Durchzug mit gebeugten Ellenbogen, während die Beine den Rollsitz zunächst an der vorderen Position halten.

☐ C: Der Oberkörper schwingt nach dem Ausheben bereits nach vorn, bevor die Hände vollständig an den Knien vorbeigeführt wurden.

☐ D: Die Beine strecken sich, doch Hüfte und Oberkörper geben nach, sodass der Rollsitz dem Griff davoneilt.

67.) Welche olympische Erfolgsserie gelang dem britischen Ruderer Steve Redgrave?

☐ A: Er gewann von 1984 bis 2000 bei fünf aufeinanderfolgenden Sommerspielen jeweils mindestens eine Goldmedaille im Rudern.

☐ B: Vier Goldmedaillen im Zweier ergänzte er nach seiner Rückkehr 2004 um einen Olympiasieg im britischen Achter.

☐ C: Seine fünf Olympiasiege verteilen sich auf sämtliche Skullklassen, wobei der Einer den Schwerpunkt seiner Laufbahn bildete.

☐ D: Er erreichte in Sydney seinen fünften Titel bei Weltmeisterschaften und errang dort zugleich seine erste olympische Goldmedaille.

68.) Welche Folge hat im Hebelmodell ein kürzerer Innenhebel bei unverändertem Außenhebel und gleicher Blattkraft?

☐ A: An den Händen wird mehr Kraft benötigt, da derselbe Widerstand über einen kürzeren Hebelarm ausgeglichen wird.

☐ B: Bei gleicher Winkelgeschwindigkeit bewegen sich die Hände schneller durch den Raum, weil sie einen kürzeren Kreisbogen durchlaufen.

☐ C: Die Handkraft bleibt gleich; die Verkürzung verändert lediglich den Weg, den die Hände bei demselben Ruderwinkel zurücklegen.

☐ D: Die nötige Griffkraft sinkt, weil die Hand auf ihrem kürzeren Weg weniger Widerstand des Blattes überwinden muss.

69.) Welche Abfolge kennzeichnet ein Beach-Sprint-Rennen im Rudern?

☐ A: Ruderabschnitte wechseln mit mehreren Strandläufen, wobei die Boote zwischen den Strecken von einer festgelegten Wechselzone zur nächsten getragen werden.

☐ B: Die Mannschaft beginnt mit einem Lauf am Strand, rudert anschließend parallel zur Küste und beendet das Rennen an einem zweiten Startplatz.

☐ C: Nach einem Wasserstart rudern die Mannschaften mehrere vollständige Runden entlang eines festgelegten Küstenabschnitts und beenden das Rennen zwischen zwei ins Wasser gesetzten Zielbojen.

☐ D: Ein kurzer Lauf zum bereitgehaltenen Boot führt in eine Ruderstrecke mit Bojenwende; nach der Rückkehr folgt ein Lauf am Strand ins Ziel.

70.) Welche Neuerung brachte das olympische Ruderprogramm von Atlanta 1996?

☐ A: Frauen erhielten erstmals eigene Ruderwettbewerbe, nachdem sie zuvor bei internationalen Meisterschaften, aber noch nicht bei den Olympischen Spielen gestartet waren.

☐ B: Mannschaftsboote mit Steuerleuten verschwanden aus dem Programm, während zusätzliche Wettbewerbe in kleineren Booten ohne Steuerleute hinzukamen.

☐ C: Leichtgewichtswettbewerbe kamen erstmals hinzu: je ein Doppelzweier für Frauen und Männer sowie bei den Männern ein Vierer ohne Steuermann.

☐ D: Die Rennen der Frauen wurden auf dieselbe Streckenlänge wie die Männerwettbewerbe verlängert und damit sportlich angeglichen.

71.) Welche Hauptaufgabe erfüllt die feststehende Finne unter einem Rennruderboot?

☐ A: Ihr längliches Profil steift die dünne Bootsschale entlang der Kiellinie aus und verteilt die wechselnden Kräfte der Mannschaft.

☐ B: Sie unterstützt den Geradeauslauf, indem ihre eingetauchte Fläche seitlichen Bewegungen des Hecks im Wasser entgegenwirkt.

☐ C: Als Tragfläche hebt sie bei zunehmender Geschwindigkeit das Heck an und verringert dadurch die benetzte Fläche der Bootsschale.

☐ D: Ihre Masse senkt den Schwerpunkt so weit ab, dass sie als Ballastkiel die aufrechte Lage des schmalen Bootes sichert.

72.) Wie werden die Hände im Skull-Leitbild des Deutschen Ruderverbandes beim Überkreuzen geführt?

☐ A: Im Durchzug führt die linke Hand unten, während beim Vorrollen die rechte Hand nach unten wechselt und den anderen Griff freigibt.

☐ B: Die rechte Hand liegt über der linken; beide Griffe werden dabei in einer gemeinsamen Ebene gleich weit vom Körper gehalten.

☐ C: Rechts wird unter links geführt und etwas körpernäher gehalten; die Hände bleiben dabei vertikal und horizontal dicht beieinander.

☐ D: Die Hände treffen auf gleicher Höhe zusammen und passieren einander durch seitliches Ausweichen der Ellenbogen in entgegengesetzte Richtungen.

73.) Welchen Zweck erfüllt vorgeschriebenes Zusatzgewicht bei einer zu leichten Steuerperson im Rennruderboot?

☐ A: Es ergänzt das Gewicht der Steuerperson bis zum vorgeschriebenen Mindestwert und begrenzt damit Vorteile durch besonders geringes Körpergewicht.

☐ B: Die Zuladung ersetzt fehlendes Rumpfgewicht und zählt deshalb unmittelbar zur Erfüllung des vorgeschriebenen Mindestgewichts des Bootes.

☐ C: Es gleicht die Seitenverteilung der Mannschaft aus und wird deshalb an der Bootsseite mit den leichteren Ruderern befestigt.

☐ D: Damit wird das individuelle Körpergewicht an den Mannschaftsdurchschnitt angeglichen, der sich aus den Gewichten der Ruderbesatzung ergibt.

74.) Welche Aussage trifft auf das erste Boat Race zwischen Oxford und Cambridge zu?

☐ A: 1829 ruderten die Hochschulen erstmals gegeneinander auf dem Cam; die Verlegung auf die Themse folgte nach mehreren Austragungen.

☐ B: 1829 traten die beiden Universitäten bei Henley auf der Themse gegeneinander an; Oxford gewann dieses erste Rennen.

☐ C: Das Debüt fand 1836 auf der Londoner Themse statt, nachdem beide Hochschulen eine dauerhaft wiederkehrende Begegnung vereinbart hatten.

☐ D: Oxford und Cambridge bestritten ihr erstes Rennen 1839 als Eröffnungswettbewerb der neu eingerichteten Henley Regatta vor örtlichem Publikum.

75.) Welche Beobachtung erlaubt die eindeutige Unterscheidung zwischen Skullen und Riemenrudern?

☐ A: Die Stellung der Blätter während des Vorrollens entscheidet, denn Riemen bleiben dabei aufrecht und Skulls werden waagerecht gedreht.

☐ B: Die Richtung der Sitzbewegung unterscheidet beide Techniken: Beim Skullen bewegt sich der Sitz während des Durchzugs zum Heck.

☐ C: Am Griffabstand lässt sich die Technik erkennen, weil beim Skullen beide Hände gemeinsam einen besonders schmalen Griff halten.

☐ D: Beim Skullen führt jede Person zwei Ruder mit je einer Hand; beim Riemenrudern führt sie eines mit beiden Händen.

76.) Welche konstruktive Funktion erfüllt der leichte Kern einer Sandwichaußenhaut beim Rennruderboot?

☐ A: Der Kern soll sich zwischen den Deckschichten verschieben, damit sich der Rumpf unter jedem Ruderschlag elastisch verlängert.

☐ B: Er hält die tragenden Deckschichten auf Abstand und ermöglicht dadurch eine hohe Biegesteifigkeit bei vergleichsweise geringer Masse.

☐ C: Er dient als herauslösbare Fertigungsform, die nach dem Aushärten aus dem Rumpf entfernt und erneut verwendet wird.

☐ D: Als eigentliche Zugschicht übernimmt er die Längskräfte; die äußeren Faserlagen dienen vor allem dem Schutz vor Wasser.

77.) Was bezeichnet die Kenngröße pVO_2max in der Ruderleistungsdiagnostik?

☐ A: Der Wert entspricht der höchsten Leistung, die über fünf Sekunden eines maximalen Startsprints gemittelt wird.

☐ B: Erfasst wird die Ergometerleistung an der ersten Laktatschwelle, wenn die Blutlaktatkonzentration bei zunehmender Belastung systematisch über das niedrige Ausgangsniveau ansteigt.

☐ C: Sie bezeichnet die durchschnittliche mechanische Leistung, die während eines maximal gefahrenen 2000-Meter-Tests auf dem Ruderergometer über die Gesamtdauer erreicht wird.

☐ D: Gemeint ist die mechanische Leistung beim Erreichen der maximalen Sauerstoffaufnahme, gewöhnlich als Wattwert auf dem Ergometer bestimmt.

78.) Wie wird bei internationalen Leichtgewichtsrennen im Mannschaftsboot die Einhaltung der Gewichtsgrenzen beurteilt?

☐ A: Der Durchschnitt entscheidet; einzelne Mitglieder dürfen die persönliche Obergrenze überschreiten, wenn andere entsprechend leichter sind.

☐ B: Jede Person muss die Einzelgrenze einhalten; zusätzlich darf das durchschnittliche Gewicht der Rudernden den Grenzwert nicht überschreiten.

☐ C: Die Einzelgewichte werden durch sämtliche Besatzungsmitglieder gemittelt; eine mitfahrende Steuerperson zählt bei dieser Berechnung zum Mannschaftsdurchschnitt dazu.

☐ D: Man berechnet das Körpergewicht je Zentimeter Körpergröße und vergleicht den Mannschaftsmittelwert mit einem festgelegten Verhältnis.

79.) Wofür wird die Thomas-Keller-Medaille im Rudersport verliehen?

☐ A: Ausgezeichnet wird ein Trainerteam, das eine Mannschaft über mehrere Jahre zu Erfolgen in verschiedenen Bootsklassen geführt hat.

☐ B: Die Medaille geht an Nachwuchsathleten, deren erste internationale Saison mit einem Titel bei den Junioren abgeschlossen wurde.

☐ C: Gewürdigt werden eine außergewöhnliche internationale Laufbahn und die Persönlichkeit, einschließlich sportlicher Haltung und technischer Meisterschaft.

☐ D: Sie zeichnet die beste einzelne Rennleistung einer Saison aus, ermittelt aus Weltbestzeit, Windbedingungen und Bootsklasse.

80.) Wie lässt sich die Steifigkeit moderner Ruderschäfte aus Faserverbundwerkstoff konstruktiv beeinflussen?

☐ A: Für steifere Ausführungen werden Kohlenstofffasern durch Glasfasern ersetzt, während Abmessungen und Anzahl der tragenden Lagen gleich bleiben.

☐ B: Fasertyp, Faserorientierung und Schichtaufbau werden zusammen mit der Schaftgeometrie auf das gewünschte Biegeverhalten abgestimmt.

☐ C: Eine weichere Harzmischung verringert die Durchbiegung, weil sie die Fasern bei Belastung enger aneinander gleiten lässt.

☐ D: Die tragenden Fasern verlaufen überwiegend quer zum Schaft, damit sie die Längsspannungen während des Biegens aufnehmen.

GRÜBEL GOLD

81.) Welche Besonderheit kennzeichnete die Austragung der World Rowing Indoor Championships 2025?

☐ A: Die Veranstaltung verband Rennen auf Wasserergometern mit Luftgeräterennen; eine zentrale Auswertung rechnete die Ergebnisse in Vergleichszeiten um.

☐ B: Die Vorrunden fanden in nationalen Zentren statt, bevor alle Finalisten zu einer gemeinsamen Veranstaltung in Prag anreisten.

☐ C: Für die Wertung wurden innerhalb eines Monats aufgezeichnete Trainingsbestzeiten gesammelt und anschließend zu einer gemeinsamen Rangliste zusammengeführt.

☐ D: Athleten traten von eigenen Standorten aus in virtuellen Rennen an, bei denen sie zeitgleich gegeneinander ruderten.

82.) Welches Fehlerbild bezeichnet man beim Rudern als „Himmeln“?

☐ A: Die Arme werden schon zu Beginn des Beinstoßes stark gebeugt, sodass der mögliche Arbeitsweg der Griffe verkürzt wird.

☐ B: Im Durchzug tauchen die Blätter zunehmend tiefer ein, weil die Hände bogenförmig zu den Schultern hochgezogen werden.

☐ C: Beim Ausheben drehen die Rudernden die Blätter zu früh flach, sodass diese noch unter Wasser quer zur Zugrichtung stehen.

☐ D: Vor dem Wasserfassen steigen die Blätter unnötig weit auf, weil die Rudernden ihre Hände nach unten drücken.

83.) Warum fanden die für Athen 1896 vorgesehenen olympischen Ruderwettbewerbe nicht statt?

☐ A: Die gemeldeten Boote trafen erst nach dem Ende der Spiele ein, weshalb die bereits ausgeloste Regatta verschoben werden musste.

☐ B: Der Veranstalter strich die Rennen wegen zu weniger Meldungen, nachdem mehrere Mannschaften ihre Teilnahme kurz vor den Spielen zurückgezogen hatten.

☐ C: Stürmisches Wetter verhinderte die Austragung auf dem vorgesehenen Gewässer; das olympische Ruderdebüt folgte erst vier Jahre später.

☐ D: Bei der Vermessung erwies sich die Rennstrecke als ungeeignet, weil die vorgesehenen Distanzen zwischen den vorhandenen Uferanlagen nicht Platz fanden.

84.) Was verändert der seitliche Dämpferhebel an einem Concept2-Luftwiderstandsergometer?

☐ A: Er verändert die Luftzufuhr zum Schwungrad und damit dessen Abbremsung sowie das Belastungsgefühl beim nächsten Zug.

☐ B: Die Einstellung legt eine Zielwattzahl fest, auf die der Monitor den Luftwiderstand während jedes neuen Ruderschlags automatisch nachregelt.

☐ C: Der Hebel spannt die Rückholfeder des Griffs stärker vor und erhöht dadurch die während des Durchzuges aufzubringende Zugkraft.

☐ D: Mit ihm wird die Übersetzung zwischen Griffkette und Schwungrad mechanisch verstellt, ähnlich dem Wechsel des Ritzels an einem Fahrrad.

85.) Welche Bootsklasse meint „Skiff" im deutschsprachigen Rennrudern gewöhnlich?

☐ A: Ein leichtes Ausbildungsboot mit festem Sitz, das den Anfänger zunächst von der Abstimmung zwischen Beinarbeit und Blattführung entlastet.

☐ B: Einen schmalen Doppelzweier ohne Steuerperson, dessen Mannschaft gemeinsam mit vier kurzen Rudern für Antrieb und Kurs verantwortlich ist.

☐ C: Einen gesteuerten Zweier, bei dem die Steuerperson im Bug liegt und die beiden Rudernden hintereinander ihre Riemen führen.

☐ D: Den Einer mit einem Rudernden und zwei Skulls, bei dem dieselbe Person Antrieb, Gleichgewicht und Kurs zusammenführt.

86.) Bei welchen Olympischen Spielen fanden erstmals Ruderwettbewerbe für Frauen statt?

☐ A: Montréal 1976 war das olympische Debüt der Ruderinnen; das Programm umfasste sechs Wettbewerbe in verschiedenen Bootsklassen.

☐ B: In Tokio 1964 begann das olympische Frauenrudern mit Wettkämpfen in den bereits international verbreiteten kleinen Bootsklassen.

☐ C: Erstmals in Los Angeles 1984 wurden Frauen im Rudern zugelassen; die ersten Medaillen wurden dort im Einer und Achter vergeben.

☐ D: Die Regatta von München 1972 nahm Frauenrennen auf, nachdem zuvor bereits separate Europameisterschaften für Ruderinnen stattgefunden hatten.

87.) Welche reguläre Streckenlänge gilt bei den Deutschen Jahrgangsmeisterschaften U17 im klassischen Rudern?

☐ A: Zwei Läufe über jeweils 1000 Meter werden gefahren; die Addition ihrer Zeiten entscheidet über die endgültige Platzierung.

☐ B: Die Meisterschaft wird über 1000 Meter entschieden, entsprechend der verbreiteten Kurzstrecke für verschiedene breitensportliche Vereinsrennen.

☐ C: Gerudert werden 2000 Meter, wobei die jüngeren Teilnehmer durch einen zeitlich versetzten Start einen rechnerischen Ausgleich erhalten.

☐ D: Die Rennen führen über 1500 Meter und sind damit kürzer als die regulären 2000-Meter-Rennen der Junioren A.

88.) Welche konstruktive Möglichkeit eröffneten seitliche Ausleger beim Bau schmaler Rennruderboote?

☐ A: Bei gleicher Ruderlänge und unveränderter Griffposition vergrößerte sich der außerhalb der Dolle liegende Ruderabschnitt, wodurch das Blatt weiter vom Boot arbeitete.

☐ B: Die Ruderplätze ließen sich näher zusammenrücken, weil die nach außen versetzten Dollen den zuvor erforderlichen Längsabstand der Sitze verringerten.

☐ C: Die Dollen konnten außerhalb des Rumpfes liegen, sodass ausreichender Hebelraum auch bei einer deutlich schmaleren Bootsschale entstand.

☐ D: Seitlich versetzte Sitze ermöglichten längere Innenhebel ohne sich kreuzende Hände, während die Rumpfbreite unverändert blieb.

89.) Welche Angabe zur Entstehung des Leander Club ist historisch richtig?

☐ A: Die Vereinsgründung erfolgte in Henley unmittelbar nach der ersten dortigen Regatta; beide Einrichtungen entwickelten sich gemeinsam.

☐ B: Er entstand als gemeinsamer Universitätsclub von Oxford und Cambridge, um Mannschaften für das erste Boat Race zusammenzustellen.

☐ C: Der Club wurde 1818 an der Londoner Tideway gegründet und erwarb erst Jahrzehnte später sein Gelände in Henley.

☐ D: Ursprünglich handelte es sich um einen Bootshersteller in Putney, dessen Betriebsmannschaft später zum selbständigen Ruderclub wurde.

90.) Was bezeichnet ein „Zwilling“ bei der Seitenanordnung eines Riemenbootes?

☐ A: Zwei direkt hintereinander sitzende Ruderer führen ihre Riemen auf derselben Bootsseite, statt zwischen den Seiten abzuwechseln.

☐ B: Zwei Mannschaftsmitglieder tauschen für einen Trainingsabschnitt gemeinsam ihre Riemenseiten, sodass die Zuordnung von Backbord und Steuerbord zwischen ihnen wechselt.

☐ C: Backbord und Steuerbord wechseln sich regelmäßig ab; die jeweils gleichseitigen Ruderer bilden dabei Paare mit einem Sitzplatz Abstand.

☐ D: Bug- und Schlagplatz bilden ein Paar, wenn ihre Riemen auf den entgegengesetzten Bootsseiten liegen.

91.) Warum verwendet World Rowing für Spitzenzeiten auf dem Wasser die Bezeichnung „Weltbestzeiten"?

☐ A: Für Weltrekorde müssten die Ergebnisse auf ein einheitliches Mannschaftsgewicht umgerechnet werden; diese rechnerische Angleichung wird bei Wasserregatten nicht vorgenommen.

☐ B: Eine Rekordanerkennung verlangt Rennen als Einzelzeitfahren, während die üblichen gemeinsamen Starts einen direkten Vergleich der gemessenen Leistungen nicht zulassen.

☐ C: Wind, Strömung und weitere Gewässerbedingungen verändern die erreichbaren Zeiten, weshalb Leistungen verschiedener Regatten nicht vollständig vergleichbar sind.

☐ D: Eine Spitzenzeit gilt vorläufig, bis sie bei einer weiteren internationalen Regatta bestätigt und als Weltrekord anerkannt wird.

92.) Welche Aussage beschreibt die Energiebereitstellung während eines maximal gefahrenen 2000-Meter-Ruderrennens am treffendsten?

☐ A: Die Systeme wechseln sich in getrennten Abschnitten ab: Nach dem Start übernimmt die Fettverbrennung, vor dem Ziel die Glykolyse.

☐ B: Den Hauptanteil liefert die sauerstoffunabhängige Energiebereitstellung, während der oxidative Stoffwechsel seine größte Bedeutung nach dem Zieleinlauf erreicht.

☐ C: Weil das Rennen mehrere Minuten dauert, wird die benötigte Energie nahezu vollständig oxidativ bereitgestellt; anaerobe Beiträge sind vernachlässigbar.

☐ D: Der oxidative Stoffwechsel liefert insgesamt den größeren Energieanteil, während anaerobe Prozesse gleichzeitig beitragen und hohe Belastungsspitzen mittragen.

93.) Was bedeutet „Trimmen“ bei der technischen Anpassung eines Ruderplatzes?

☐ A: Die Gleitflächen von Rollen und Schienen werden gereinigt und geschmiert, bis der Sitz unter Belastung über seine ganze Bahn gleichmäßig läuft.

☐ B: Dollen, Stemmbrett und weitere verstellbare Bauteile des Ruderplatzes werden passend zu den Körpermaßen, zur Beweglichkeit und zur gewünschten Ruderbewegung aufeinander abgestimmt.

☐ C: Die Mannschaft erprobt verschiedene Sitzreihenfolgen, bis ihre Bewegungsrhythmen und die Verteilung der Zugkräfte im Boot möglichst gut zusammenpassen.

☐ D: Der Rumpf erhält an Bug und Heck Zusatzgewichte, um die Wasserlinie ohne Veränderung der übrigen Bauteile waagerecht auszurichten.

94.) Was änderte sich 2015 beim Boat Race der Frauen zwischen Oxford und Cambridge?

☐ A: Aus dem bisherigen Stilwettbewerb wurde ein direktes Rennen nebeneinander, dessen Siegerinnen durch den Zieleinlauf bestimmt wurden.

☐ B: Das Frauenrennen zog auf den Londoner Championship Course zwischen Putney und Mortlake und fand dort am selben Tag wie das Männerrennen statt.

☐ C: Die beiden Hochschulen wechselten vom Doppelvierer in den Achter und glichen damit die Bootsklasse an das Rennen der Männer an.

☐ D: Erstmals durften die Frauen auf der Themse antreten, nachdem ihre Rennen zuvor zwischen den Flüssen Cam und Isis gewechselt hatten.

95.) Welche Fahrt erfüllt die Wanderfahrt-Definition des DRV-Fahrtenabzeichens für Erwachsene nach der Ausschreibung 2026?

☐ A: Eine zweitägige Tour über insgesamt 45 Kilometer mit auswärtiger Übernachtung, bei der das Boot zwischendurch nicht zum heimischen Bootshaus zurückkehrt.

☐ B: Ein eintägiger Ausflug über 25 Kilometer auf einem fremden Gewässer, sofern Start und Ziel in unterschiedlichen Orten liegen.

☐ C: Zwei getrennte Trainingstage mit je 25 Kilometern, bei denen das Boot nach jeder Ausfahrt zum heimischen Bootshaus zurückkehrt.

☐ D: Eine zweitägige Reise mit Übernachtung, bei der zusammen 35 Kilometer ohne zwischenzeitliche Rückkehr des Bootes gerudert werden.

96.) Wofür eignet sich ein typisches Gigboot im Ruderverein besonders?

☐ A: Für stationäre Mannschaftstests am Steg, bei denen ein verstärkter Bootsboden und feststehende Sitze die Leistungsmessung ermöglichen.

☐ B: Für Touren und Ausbildung, weil seine gegenüber Rennbooten meist breitere und robustere Bauweise den Umgang erleichtert.

☐ C: Für Starts auf besonders schmalen Rennbahnen, weil die innenliegenden Dollen die Gesamtbreite einschließlich der Ruder entscheidend verkleinern.

☐ D: Zur Vorbereitung auf Einerregatten, da die Bezeichnung eine verbindliche Bootsform für ein einzelnes Mannschaftsmitglied und zwei Skulls festlegt.

97.) Was geschieht beim Rudern typischerweise, wenn jemand „einen Krebs fängt“?

☐ A: Das Blatt lässt sich nicht kontrolliert aus dem Wasser lösen; die Weiterfahrt des Bootes drückt den Griff gegen den Rudernden.

☐ B: Ein zu spät eingesetztes Blatt rutscht an der Oberfläche entlang, während der Rudernde den gesamten Durchzug ohne Druck beendet.

☐ C: Die Manschette verschiebt sich in der Dolle, wodurch der Innenhebel kürzer wird und der Griff unerwartet vom Körper wegrutscht.

☐ D: Der Rollsitz überholt während des Durchzugs die Hände, sodass sich die Beine strecken, bevor das Blatt belastet wird.

98.) Welche Berufsgruppe steht hinter der Tradition von Doggett's Coat and Badge Race auf der Themse?

☐ A: Londoner Personenfährleute, deren Arbeit das sichere Befördern von Fahrgästen mit Ruderbooten auf dem Fluss einschloss.

☐ B: Ausgebildete Hafenlotsen traten gegeneinander an, um ihre Eignung für das Führen großer Handelsschiffe im Stadtgebiet nachzuweisen.

☐ C: Das Rennen diente den Berufsfischern des Unterlaufs als Auswahlwettbewerb für die begehrten Fangplätze im Londoner Stadtgebiet.

☐ D: Die Schiffszimmerleute der örtlichen Werften, die damit neue Rennbootskonstruktionen vor ihrer Übergabe an die Kunden erprobten.

99.) Welche Information liefert ein smartOar-System unmittelbar aus einem instrumentierten Ruder?

☐ A: Es misst den Weg des Rollsitzes und zeigt an, wie weit die Beine in jedem Durchzug gestreckt werden.

☐ B: Es zeichnet den Kraftverlauf über den Ruderschlag auf und macht Unterschiede zwischen den einzelnen Rudernden sichtbar.

☐ C: Es bestimmt die Rumpfneigung über den gesamten Schlag und stellt den Übergang von Beinarbeit zu Oberkörpereinsatz dar.

☐ D: Es erfasst den Druck beider Füße auf das Stemmbrett und vergleicht dessen Verteilung zwischen linker und rechter Seite.

100.) Welche Aufgabe übernimmt das Albano-System auf einer Regattastrecke?

☐ A: Es misst die Zwischenzeiten mit Lichtschranken und ordnet die erfassten Boote anhand ihrer Startnummern den jeweiligen Bahnen zu.

☐ B: Das Verfahren ordnet die Finalbahnen nach Vorlaufergebnissen zu und setzt die schnellsten Mannschaften auf die mittleren Startplätze.

☐ C: Entlang der Strecke gespannte Bojenreihen kennzeichnen die einzelnen Rennbahnen und helfen den Mannschaften, ihren Kurs einzuhalten.

☐ D: Das System hält die Boote am Start beweglich fest, damit unterschiedliche Bootslängen trotzdem auf derselben Linie beginnen.

Lösungen

Lösung 1: B – Bei der Klinkerbauweise überlappen sich die Längskanten benachbarter Planken. Die Außenhaut zeigt dadurch sichtbare Stufen. Traditionelle A-Gigboote sind ein Beispiel für diese Bauweise. Im Unterschied dazu liegen bei der Karweelbauweise die Plankenkanten stumpf nebeneinander. Die Bauart bezeichnet zunächst die Verbindung der Beplankung, nicht die Zahl der Ruderplätze. Auch ein überlappter Holzrumpf besitzt eine tragende innere Struktur. Fugen und Verbindungen verdienen bei der Pflege besondere Aufmerksamkeit. Moderne Gigboote können dagegen aus anderen Werkstoffen und mit glatter Oberfläche entstehen. Deshalb lassen sich Gigboot und Klinkerboot nicht einfach als austauschbare Begriffe verwenden.

Lösung 2: B – Im herkömmlichen Ruderkasten wird von ortsfesten Plätzen aus in Wasserbecken gerudert. Die gesamte Anlage fährt also nicht wie ein Boot vorwärts. Dollen und Ruder erlauben dennoch Übungen zur Blattführung. Trainer können dicht neben den Sportlern stehen und Bewegungen erläutern. Spiegel erleichtern in entsprechend ausgestatteten Anlagen die Selbstkontrolle. Mannschaften können ihren gemeinsamen Rhythmus üben. Besonders im Winter bietet ein Hallenbecken wetterunabhängige Trainingsmöglichkeiten. Das Gleichgewicht eines frei schwimmenden Bootes wird dabei nicht vollständig abgebildet. Auch die Strömungsverhältnisse unterscheiden sich, weshalb die dort gelernte Technik anschließend auf dem Wasser angepasst werden muss.

Lösung 3: C – Zum Mindestgewicht gehören die für die Nutzung notwendigen Bootsteile, darunter Ausleger, Stemmbretter, Schuhe, Rollschienen und Sitze. Skulls und Riemen werden nicht mitgewogen. Auch die Bugnummer zählt nicht dazu. Zusätzliches Gewicht zum Erreichen des Mindestwerts muss fest angebracht sein. Für klassische Rennboote gelten je nach Klasse unterschiedliche Grundwerte: beim Einer 14 Kilogramm, beim Doppelzweier 27 und beim Vierer ohne 50 Kilogramm. Der Doppelvierer liegt bei 52, der Achter bei 96 Kilogramm. Für bestimmte eingebaute Messsysteme sehen die Regeln zusätzliche Gewichtsansätze vor.

Lösung 4: D – Rollen ist die Drehung des Bootes um seine Längsachse, die vom Bug zum Heck verläuft. Dabei sinkt eine Bordseite ab, während die andere steigt. Ungleiche Handhöhen können diese Bewegung auslösen. Sie verändern zugleich die Abstände der Blätter zur Wasseroberfläche. Unsymmetrische Bewegungen erschweren deshalb sauberes Wasserfassen und Ausheben. Die Drehung um die Hochachse heißt Gieren; die um die Querachse wird Stampfen genannt. In der Bewegungsanalyse lassen sich alle drei Drehungen mit Sensoren erfassen. Balanceübungen helfen, unbeabsichtigte seitliche Neigungen des Rumpfes zu verringern.

Lösung 5: A – Das Macon-Blatt hat eine annähernd symmetrische, löffelartige Kontur. Seine breiteste Stelle liegt ungefähr im mittleren Blattbereich; zur Spitze wird es wieder schmaler. Der Name erinnert an die französische Stadt Mâcon und die dortigen Europameisterschaften von 1959. Die Form wurde sowohl bei Skulls als auch bei Riemen verwendet. Eine größere Riemenausführung und eine kleinere Skullausführung sind deshalb keine unterschiedlichen Grundtypen. Macon-Blätter prägten über Jahrzehnte das Rennrudern. Später verbreiteten sich asymmetrische Formen, bei denen ein größerer Teil der Fläche auf einer Seite der verlängerten Schaftachse liegt.

Lösung 6: C – Der Championship Course verbindet Putney mit Mortlake auf der Themse im Südwesten Londons. Seine Länge beträgt vier Meilen und 374 Yards, rund 6,8 Kilometer. Die Mannschaften passieren die Hammersmith Bridge. Später folgt die Barnes Bridge. Das Ziel liegt vor der Chiswick Bridge. Mehrere Flussbiegungen machen die Streckenführung taktisch anspruchsvoll. Die Uferseiten werden Middlesex und Surrey genannt. Die Distanz ist deutlich länger als eine gewöhnliche 2000-Meter-Meisterschaftsstrecke. Historisch gab es Austragungen auf anderen Kursen; die Bezeichnung Championship Course meint jedoch diese konkret festgelegte Londoner Strecke.

Lösung 7: C – Die in Deutschland übliche Platznummerierung beginnt am Bug mit eins und läuft zum Heck. Im Achter sitzt die Schlagperson daher auf Platz acht, im Vierer auf Platz vier. Die Steuerperson gehört nicht zu dieser Zählung der Ruderplätze. Die Sitznummer beschreibt einen Platz im Boot und keine Rangfolge der Leistungsfähigkeit. Sie erleichtert Meldungen, Besetzungslisten und Kommandos. Der Zuruf „Nummer eins" richtet sich entsprechend an den Bugplatz. Backbord und Steuerbord bleiben davon unabhängige Seitenbezeichnungen. Sie werden stets in Fahrtrichtung bestimmt, auch wenn die Ruderer selbst in die entgegengesetzte Richtung schauen.

Lösung 8: B – PR1 umfasst Rudernde mit stark eingeschränkter oder fehlender funktioneller Rumpfbeteiligung. Sie erzeugen den Antrieb mit Armen und Schultern. Ein Festsitz ersetzt die Bewegungsmöglichkeit des Rollsitzes. Rückenstütze und vorgeschriebene Fixierungen stabilisieren die Sitzposition. Im PR1-Einer sorgen seitliche Pontons für zusätzliche Kippstabilität. Die frühere Bezeichnung der Klasse lautete AS für Arms and Shoulders. Seit 2017 wird die Bezeichnung PR1 verwendet. Die Klassifizierung beurteilt die für das Rudern relevante Funktion; eine einzelne Diagnose legt die Sportklasse deshalb nicht ohne die notwendige Untersuchung fest.

Lösung 9: A – Die ersten C.R.A.S.H.-B.-Wettkämpfe fanden 1982 in Boston statt. Sie entwickelten sich aus der dortigen Ruderszene und dem Wintertraining. Concept2 hatte sein erstes Ruderergometer, das Model A, 1981 eingeführt. Dessen Luftwiderstand wurde mit einem Fahrradlaufrad und angebrachten Kunststoffflügeln erzeugt. Nach zunächst längeren Rennen etablierte sich eine Strecke von 2.500 Metern. 1996 wechselte die Veranstaltung zur 2.000-Meter-Distanz. Aus einem überschaubaren Treffen wurde ein international bekanntes Ereignis. Das Ergorudern erlaubte dabei direkte Leistungsvergleiche unabhängig von Wind, Strömung und der verfügbaren Bootsklasse.

Lösung 10: A – Die Gesamtanlage beschreibt die Neigung des aufgedrehten Blattes gegenüber der Senkrechten. Sie ergibt sich aus der Geometrie des Ruders und der Einstellung seiner Führung in der Dolle. Auch ein schief stehender Dollenstift kann die wirksamen Winkel verändern. Die Anlage beeinflusst, wie stabil das Blatt während der Wasserarbeit seine Tiefe hält. Zu wenig oder unpassende Anlage kann das Unterschneiden begünstigen. Zur Kontrolle verwendet man einen Winkelmesser beziehungsweise Anlagemesser. Hersteller und Blattmodelle können unterschiedliche Empfehlungen haben. Ein pauschaler Wert von sechs bis sieben Grad gilt deshalb nicht für jede Kombination.

Lösung 11: D – Der Drag Factor beschreibt die wirksame Abbremsung des Schwungrades zwischen den Zügen. Der Monitor ermittelt diesen Wert und berücksichtigt ihn bei der Berechnung der verrichteten Arbeit. Deshalb lassen sich Leistungen auf verschiedenen Geräten vergleichen. Die Dämpferstellung beeinflusst den Wert, ist aber nicht mit ihm identisch. Auch Staub im Gehäuse und Unterschiede der Luftdichte wirken sich aus. Der Drag Factor lässt sich im Monitormenü anzeigen. Beim Gerätewechsel kann man damit ähnliche Bedingungen einstellen. Ein höherer Wert bedeutet nicht automatisch eine höhere angezeigte Leistung oder ein besseres Rennergebnis.

Lösung 12: C – Der Schlagplatz ist der hecknächste Ruderplatz und gibt Rhythmus sowie Schlagfrequenz vor. Weil die Mannschaft gegen die Fahrtrichtung blickt, kann sie sich an den Bewegungen vor ihr orientieren. Im Achter trägt dieser Platz bei der üblichen Zählung vom Bug die Nummer acht. Schlagfrau oder Schlagmann rudern selbst mit. Die Steuerperson ist dagegen ein zusätzliches Mannschaftsmitglied. Eine veränderte Schlagfrequenz muss von der gesamten Mannschaft aufgenommen werden. Neben den Einsatzzeitpunkten gehören auch Durchzugsdauer und Freilauf zum gemeinsamen Rhythmus. Die Position verlangt deshalb besonders zuverlässige Bewegungsabläufe.

Lösung 13: C – Der Übergriff bezeichnet die Überschneidung der Skullenden in der Stellung quer zum Boot. Er hängt von Innenhebellänge und Dollenabstand ab. Verlängerte Innenhebel vergrößern die Überlappung; ein größerer Dollenabstand verkleinert sie. Weil sich die Hände im Schlagverlauf kreuzen, werden sie mit einem kleinen Höhenunterschied geführt. Dazu passt häufig eine geringe Überhöhung einer Dolle. Ein übermäßiger Übergriff kann die Handführung und die Balance erschweren. Seine Veränderung beeinflusst zugleich andere Einstellungen, etwa das Hebelverhältnis. Deshalb wird die Trimmung stets zusammen mit der Bewegung des jeweiligen Rudernden beurteilt.

Lösung 14: D – Der Elfstedenroeimarathon führt über ungefähr 210 Kilometer durch die elf friesischen Städte. Veranstalter ist der Leeuwardener Ruderverein Wetterwille. Die Tradition begann 1984. Der Start am Freitagabend macht Nachtfahrten zu einem prägenden Teil der Veranstaltung. Es gibt Staffel- und durchgehend besetzte Kategorien. Entlang der Route spielen Wechselstellen, Stempelposten und enge Durchfahrten eine Rolle. Leeuwarden ist auch das Ziel. Begleitpersonen organisieren unter anderem Wechsel und Versorgung von Land aus. Neben Kondition verlangt die lange Strecke deshalb sorgfältige Navigation und Teamabstimmung. Das Gewinnen eines einzelnen kurzen Sprints entscheidet noch lange nicht über den Gesamterfolg.

Lösung 15: C – Der Hamburger Ruder-Club wurde 1836 als erster deutscher Ruderverein gegründet. Elf junge Hamburger Kaufleute standen am Anfang des Clubs. Kontakte bestanden zum Union Boat Club der in Hamburg lebenden englischen Kaufleute. Die Alster wurde zum wichtigen Schauplatz des jungen Sports. 1844 folgte dort eine frühe deutsche Ruderregatta. Der spätere Name Hamburger und Germania Ruder Club erinnert an den Zusammenschluss mit dem Germania Ruder-Club im Jahr 1934. Die Vereinsgeschichte verbindet damit sportlichen Austausch, städtische Wassersporttradition und die Entwicklung eines dauerhaften Clublebens über viele Generationen.

Lösung 16: B – Backbord ist die linke Bootsseite, wenn man vom Heck zum Bug blickt. Da Rudernde normalerweise zum Heck schauen, liegt Backbord aus ihrer Sicht rechts. Steuerbord bezeichnet entsprechend die andere Seite. Die Zuordnung bleibt beim Rückwärtsfahren bestehen. Rot ist die traditionelle Kennfarbe für Backbord, Grün für Steuerbord. Beim Riemenrudern richtet sich die Seitenbezeichnung nach der Seite, auf der das Blatt arbeitet. Beim Skullen bedient die rechte Hand das Backbordskull. Eindeutige Seitenbegriffe verhindern besonders bei Wendemanövern und beim Anlegen Missverständnisse zwischen Mannschaft und Steuerperson.

Lösung 17: A – Bei einem üblichen Fußsteuer ist ein Schuh drehbar gelagert und über Seile mit dem Steuerblatt verbunden. Seitliches Bewegen der Fußspitze verändert dessen Stellung. Einer der Rudernden übernimmt diese zusätzliche Aufgabe während des Ruderns. Die Position kann je nach Boot am Schlagplatz oder weiter vorn liegen. Der Steuermechanismus sollte vor der Ausfahrt leichtgängig und richtig eingestellt sein. Kleine Korrekturen vermeiden unnötigen Widerstand. Die feste Finne unterstützt dagegen den Geradeauslauf. Nicht jedes Boot ohne Steuerperson besitzt ein Fußsteuer: Klassische Renneiner und Doppelzweier werden gewöhnlich über unterschiedliche Blattarbeit auf Kurs gehalten.

Lösung 18: A – Der Deutsche Ruderverband entstand am 18. März 1883 im Gürzenich in Köln. An der Gründung waren Vertreter von 34 Vereinen beteiligt. Der Verband ist damit älter als der 1892 gegründete Weltverband FISA. Zum 125. Jubiläum im Jahr 2008 kehrte der DRV für seine Feierlichkeiten an den Gründungsort zurück. Sein Vereinswesen umfasst weit mehr als internationale Regatten. Dazu zählen beispielsweise Wanderrudern und Nachwuchsarbeit. Auch die Ausbildung von Trainern und die Entwicklung von Wettkampfregeln gehören zur Verbandsarbeit. Die Abkürzung DRV wird für diesen nationalen Dachverband verwendet.

Lösung 19: B – Bei gleicher konstanter Pace und Dauer zeigen Concept2-Monitore dieselbe Kalorienmenge an. Die Standardberechnung verwendet eine Referenzperson von etwa 79,5 Kilogramm. Sie ermittelt keinen individuellen Stoffwechsel durch direkte Messung. Concept2 stellt für eine Berücksichtigung des Körpergewichts einen zusätzlichen Rechner bereit. Auch dessen Ergebnis bleibt eine Schätzung. Die im Alltag sogenannten Kalorien sind hier Kilokalorien. Gleiche Pace bedeutet im Concept2-Modell gleiche mechanische Leistung, unabhängig von der Körpergröße. Eine kräftigere Person kann möglicherweise mehr Leistung erreichen; bei ausdrücklich identischer Pace erzeugt sie jedoch keine zusätzliche angezeigte Wattzahl.

Lösung 20: C – Fersenrückhalter unterstützen das schnelle Verlassen von Schuhen, die fest im Boot bleiben. Beide Schuhe werden unabhängig gesichert. Die Begrenzung muss tatsächlich greifen; lose oder beschädigte Bänder erfüllen den Zweck nicht. World Rowing verlangt eine Begrenzung, bei der der Fuß spätestens beim Erreichen der horizontalen Fersenstellung freikommt. Zusätzlich notwendige Schnürungen oder Klettverschlüsse müssen mit einer einzigen schnellen Handbewegung an einem leicht erreichbaren Zugband geöffnet werden können. Die Rückhalter lösen dabei nicht das gesamte Stemmbrett. Vor der Fahrt sind Rückhalter, Verschlüsse und Befestigungen gemeinsam zu prüfen, besonders nach einem Wechsel der Schuhe.

Lösung 21: A – Die erste Henley Regatta fand 1839 statt. Sie gehörte zunächst zu einer örtlichen Veranstaltung mit Jahrmarkt und weiteren Vergnügungen. Die Wettkämpfe passten anfangs in einen einzigen Nachmittag; schon 1840 wurden daraus zwei Renntage. Prinz Albert übernahm 1851 die Schirmherrschaft, womit der Namenszusatz „Royal" verbunden ist. Gerudert wird auf der Themse bei Henley. Die Veranstaltung entwickelte sich zu einem internationalen Treffpunkt des Rudersports. Charakteristisch sind direkte Ausscheidungsrennen zwischen zwei Booten. Die traditionelle Strecke ist mit 2112 Metern etwas länger als die klassische 2000-Meter-Strecke vieler internationaler Regatten.

Lösung 22: C – Pontons sind seitliche Schwimmkörper, die dem schmalen Boot zusätzliche Kippstabilität geben. Sie liegen außen am Boot, wodurch ihr Auftrieb einem seitlichen Kippen entgegenwirken kann. Bei PR1-Einern gehören sie zur vorgesehenen Ausrüstung. Für PR2-Boote können ebenfalls stabilisierende Pontons eingesetzt werden. Ihre Montage muss zur Bootskonstruktion und zur Sitzposition passen. Die Schwimmer ersetzen weder einen geeigneten Festsitz noch erforderliche Fixierungen. Sie erzeugen keinen eigenen Vortrieb. Para-Boote kombinieren solche Anpassungen mit individuell geeigneten Sitzlösungen, damit vorhandene Funktionen im Ruderschlag möglichst wirksam genutzt werden können.

Lösung 23: B – Das Leitbild betont frühe Druckaufnahme und einen zusammenhängenden Durchzug mit zunehmender Innenhebelgeschwindigkeit. Dafür muss das Blatt zunächst wirksam im Wasser verankert sein. Die Beinstreckung eröffnet den Antrieb. Der Rumpf überträgt die Kraft und richtet sich im Verlauf auf. Der Armzug ergänzt die späteren Durchzugsabschnitte. Diese Teilbewegungen überlappen sich, statt durch Pausen getrennt zu werden. Ein steiler Kraftanstieg bedeutet kein ruckartiges Reißen am Griff. Die passende Schlagweite hängt von Bootseinstellung und körperlichen Voraussetzungen ab; feste Winkelwerte können deshalb kein allgemeingültiges Optimum für jede Person beschreiben.

Lösung 24: A – Pace bezeichnet hier die auf 500 Meter bezogene Zeit beim gegenwärtig berechneten Tempo. Bei konstant 2:00 Minuten pro 500 Meter ergeben sich rechnerisch acht Minuten für 2000 Meter. Ein Kilometer dauert entsprechend vier Minuten. Ein Wert von 1:55 ist schneller als 2:00. Die Schlagfrequenz wird separat in Schlägen pro Minute angegeben. Momentane Pace und Durchschnittspace müssen nicht übereinstimmen. Nach einem schnellen Anfang kann der Durchschnitt noch günstig aussehen, obwohl das aktuelle Tempo nachlässt. Die angezeigten Ergometermeter sind zudem eine Modellgröße und keine im Boot gemessene Strecke.

Lösung 25: D – Bei einem Fehlstart werden die Boote zurückgerufen. Die schuldige, zuvor unverwarnte Mannschaft erhält eine Verwarnung. Diese bleibt bis zum Ende ihres nächsten Laufes auf derselben Regatta wirksam. Ein weiterer Fehlstart bei bestehender Verwarnung führt zum Ausschluss. Auch eine zusätzliche Verwarnung aus anderem Grund kann diese Folge auslösen. Beim Fahnenstart dienen Glocke und geschwenkte rote Fahne dem Rückruf. Entscheidend ist ein aktives Losfahren vor dem Startkommando. Die Regel betrifft das klassische Rennen; andere Ruderformate können abweichende Startverfahren und Sanktionen haben. Eine falsche erste Bewegung führt hier also noch nicht automatisch zum Ausscheiden.

Lösung 26: A – Moderne Coastal-Rennboote verbinden einen vergleichsweise breiten Rumpf mit einer Selbstlenzung. Eingedrungenes Wasser kann durch geeignete Abläufe oder über ein offenes Heck abfließen. Bei manchen Bauweisen unterstützt die Vorwärtsfahrt die Entwässerung. Zusätzliche abgeschlossene Auftriebsräume helfen, das Boot schwimmfähig zu halten. Coastal-Boote sind für Wellen und unruhiges Wasser ausgelegt. Sie werden sowohl auf dem Meer als auch auf großen Seen eingesetzt. Zum international üblichen Angebot gehören Einer, Doppelzweier und gesteuerte Doppelvierer. Breite und Auftrieb ersetzen dennoch keine angepasste Fahrweise bei schwierigen Bedingungen.

Lösung 27: C – Bei der Wende über Backbord arbeitet Backbord rückwärts und Steuerbord vorwärts. Die Bewegungen wechseln sich ab; das jeweils andere Blatt wird über Wasser mitgeführt. Der Bug dreht dadurch nach Backbord. Die Seitenbezeichnung richtet sich nach dem Boot und bleibt unabhängig von der Blickrichtung bestehen. Vor der Ausführung werden die Blätter passend zum Rückwärtsrudern vorbereitet. Die normale Wende kann die Rollbahn nutzen. Bei der kurzen Wende erfolgt gegensinnige Wasserarbeit beider Seiten gleichzeitig ohne Rollen. Für enge Stellen ist das praktisch, belastet das Boot aber stärker. Die Mannschaft folgt deshalb einem klaren gemeinsamen Kommando.

Lösung 28: B – Vor dem Rollsitz gab es Gleitsitze, die sich ohne Räder auf Schienen verschoben. Der Deutsche Ruderverband nennt dafür Versuche ab 1857 in den USA. Zur Verringerung der Reibung wurden sogar Ruderhosen eingefettet. Der bewegliche Sitz vergrößerte den Arbeitsweg im Vergleich zum festen Sitz. Zugleich ließ sich die Beinstreckung stärker für den Antrieb nutzen. Rollen erleichterten später die Bewegung entlang der Rollbahn. Die Rollschienen wurden ebenfalls weiterentwickelt: Länge, Lage und Neigung beeinflussen, wie gut unterschiedliche Körpergrößen den verfügbaren Bewegungsraum nutzen können.

Lösung 29: D – Die Dollenhöhe bezieht die Auflagefläche der Dolle auf den tiefsten Punkt der Sitzfläche des heckwärts gerollten Rollsitzes. Sie ist eine senkrechte Maßangabe und kein seitlicher Abstand. Die Einstellung beeinflusst die Höhe der Hände und den verfügbaren Raum beim Ausheben. Distanzscheiben am Dollenstift erlauben bei vielen Booten eine Anpassung. Beim Skullen können unterschiedliche Höhen beider Seiten die sich kreuzenden Hände berücksichtigen. Sitzauflagen verändern den Bezug zur sitzenden Person ebenfalls. Die passende Einstellung hängt von Körpermaßen und Bootsbesetzung ab. Ein bestimmter Zahlenwert ist deshalb nicht für alle Ruderer gleichermaßen geeignet.

Lösung 30: A – Eine Renngemeinschaft vereint Rudernde mehrerer Verbandsvereine in einer Mannschaft. Die Beteiligten starten dabei weiterhin für ihre jeweiligen Heimatvereine; ein Vereinswechsel ist dafür nicht erforderlich. In der Meldung wird die Vereinszugehörigkeit jeder Person angegeben. Die Zulassung hängt von den Wettkampfbestimmungen ab. Im Juniorenbereich sind solche Besatzungen auf die Leistungsgruppe I beschränkt; bei Junioren B müssen die beteiligten Vereine demselben Landesruderverband angehören. Ab dem Mastersalter sind auch Zusammenschlüsse über Nationalverbandsgrenzen hinweg möglich. Die Mannschaft darf gemeinsame Rennkleidung oder die jeweilige Vereinskleidung tragen. Eine Trainingsgemeinschaft mit einer Schülerruderriege ist regeltechnisch eine andere Organisationsform.

Lösung 31: C – 2017 verlängerte sich die internationale Para-Ruderstrecke von 1000 auf 2000 Meter. Bei den Paralympics in Rio 2016 galt noch die kürzere Distanz. Das paralympische Debüt der Sportart hatte 2008 in Peking stattgefunden. Zuvor war adaptives Rudern bereits 2002 Teil der Weltmeisterschaften in Sevilla gewesen. Die neue Strecke galt für alle damaligen Klassen. Sie vergrößerte die Bedeutung der Ausdauereinteilung über den Rennverlauf. Klassifizierung und angepasste Ausstattung blieben dennoch erforderlich: Eine gemeinsame Distanz macht unterschiedliche funktionelle Voraussetzungen nicht gleich. Gerudert wird auf einer markierten Bahn mit gemeinsamem Start.

Lösung 32: D – Die erste Laktatschwelle bezeichnet den Übergang, an dem das Blutlaktat bei steigender Belastung über sein niedriges Ausgangsniveau ansteigt. Sie wird häufig als aerobe Schwelle bezeichnet. Ein fixer Wert von 2 mmol/l ist dafür keine universelle Definition. Bereits unterhalb dieser Schwelle wird Laktat gebildet und genutzt. Die aerobe Energiegewinnung bleibt auch oberhalb beteiligt. Für die Ermittlung werden im Stufentest Leistung und Blutlaktat zusammen betrachtet. Stufendauer und Auswertungsverfahren beeinflussen das Ergebnis. Die so bestimmte Belastung hilft, umfangreiches Grundlagentraining auf dem Ergometer individuell einzuordnen.

Lösung 33: C – Beim normalen Fahnenstart ruft der Starter die ausgerichteten Mannschaften in der Reihenfolge ihrer Startplätze auf. Danach sagt er „Achtung“ und hebt die rote Fahne. Die anschließende Pause ist variabel. Das Senken und das Wort „Los“ bilden gemeinsam den Startbefehl. Ein festes Herunterzählen gehört nicht zu diesem Verfahren. Zuvor wird auf die verbleibenden zwei Minuten hingewiesen. Statt einer Fahne kann eine Ampelanlage verwendet werden, die mit einem akustischen Signal zusammenwirkt. Diese Kombination erleichtert die Wahrnehmung. Entscheidend bleibt, erst auf das eigentliche Startsignal loszufahren und nicht auf eine erwartete Pausenlänge.

Lösung 34: D – Empacher baut Rennruderboote in Eberbach am Neckar. Die Werft ist besonders durch ihre gelben Rümpfe bekannt. Ihr Sortiment umfasst unter anderem Einer, Zweier, Vierer und Achter. Für unterschiedliche Mannschaftsgewichte stehen verschiedene Bootsformen zur Verfügung. Moderne Rümpfe entstehen in Faserverbundbauweise mit Epoxidharz. Bei Sandwichkonstruktionen werden leichte Kerne mit tragenden Deckschichten kombiniert. Die Firma bietet außerdem verschiedene Auslegersysteme an, darunter Varianten aus Kohlenstofffaser. Ein Rennboot wird deshalb nicht allein nach der Bootsklasse ausgewählt: Auch Besatzungsgewicht, Einsatzbereich und gewünschte Ausstattung gehören zur passenden Konfiguration.

Lösung 35: D – Beim Abdrehen dreht sich das ausgehobene Blatt um die Längsachse des Ruders in eine flachere Stellung. Dadurch wird seine dem Fahrtwind ausgesetzte Fläche kleiner. Zugleich lässt es sich mit geringer Höhe über dem Wasser zurückführen. Vor dem nächsten Wasserfassen wird es wieder aufgedreht. Abdrehen ist also eine Rotation und nicht das Anheben des gesamten Ruders. Beim Riemenrudern übernimmt vor allem die Innenhand die Drehbewegung. Zu frühes Abdrehen noch unter Wasser kann das saubere Ausheben stören. Für eine ruhige Bootslage sollten die Mannschaftsmitglieder die Blattbewegungen zeitlich aufeinander abstimmen.

Lösung 36: C – Von der olympischen Premiere der Frauen 1976 bis zu den Spielen 1984 betrug ihre Renndistanz 1000 Meter. In Seoul 1988 wurden erstmals auch die olympischen Frauenrennen über 2000 Meter ausgetragen. Die frühere Strecke war damit halb so lang wie die der Männer. Schon 1974 hatten Frauen an Ruderweltmeisterschaften teilgenommen, damals ebenfalls über 1000 Meter. Diese erste Frauen-WM fand in Luzern statt. Auf dem Programm standen sechs Bootsklassen, darunter Einer und Achter. Auch der Doppelvierer gehörte dazu, damals noch mit Steuerperson. Die Streckenverlängerung veränderte die Anforderungen an Renneinteilung und Ausdauer.

Lösung 37: D – Ein Doppelachter führt insgesamt sechzehn Skulls, acht auf jeder Bootsseite. Die acht Ruderplätze liegen hintereinander. Dazu kommt im gesteuerten Boot eine Person am Steuer. Die Kurzbezeichnung lautet 8x+, wobei das x die Skullausstattung kennzeichnet. Entsprechend benötigt jeder Ruderplatz zwei Dollen. Ein Achterrumpf kann je nach Konstruktion mit geeigneten Auslegern für unterschiedliche Ruderarten eingerichtet werden. Doppelachter begegnen einem vor allem in Ausbildung und Vereinstraining. Trotz der vielen Blätter bleibt präzise Abstimmung nötig: Unterschiede beim Eintauchen und Ausheben können die Balance der gesamten Mannschaft stören.

Lösung 38: D – Beim dynamischen Ergometer können sich die Fußauflage oder größere Teile des Gerätes längs bewegen. Der Körper verschiebt sich dadurch gegenüber dem Raum weniger stark als auf einem stationären Gerät. Beim Concept2 Dynamic ist beispielsweise die Fußauflage beweglich. Ein gewöhnliches Ergometer kann mit geeigneten Schlitten ebenfalls eine bewegliche Aufstellung erhalten. Die veränderten Massenbewegungen beeinflussen das Gefühl an den Umkehrpunkten. Beinstreckung, Rumpfeinsatz und Armzug bleiben Bestandteile des Ruderschlags. Auch die Rückkehr zur Auslage verlangt eine koordinierte Bewegung. Die Konstruktion bildet die Massenverhältnisse beim Wasserrudern in ausgewählten Aspekten näher nach.

Lösung 39: D – Die FISA wurde am 25. Juni 1892 in Turin gegründet. Ihr französischer Name lautet Fédération Internationale des Sociétés d'Aviron. Zu den Gründungsvertretern gehörten Delegierte aus Belgien, Frankreich, Italien, der Schweiz und der Adriatischen Ruderföderation. Bereits 1893 veranstaltete der Verband Europameisterschaften in Orta. Ruderweltmeisterschaften folgten wesentlich später, erstmals 1962 in Luzern. Die Bezeichnung World Rowing dient heute als öffentlicher Name des Weltverbandes. Seine Aufgaben umfassen internationale Wettkampfregeln, Meisterschaftsorganisation und die Entwicklung verschiedener Formen des Rudersports.

Lösung 40: B – Ein Flügelausleger verwendet einen quer über dem Boot befestigten Träger mit nach außen reichenden Armen. An dessen Enden sitzen die Dollenstifte. Hersteller bieten unter anderem Aluminium- und Carbonbauweisen an. Aluminiumprofile können verschweißt und zum Korrosionsschutz eloxiert werden. Carbonvarianten werden beispielsweise aus vorimprägnierten Fasern unter Druck und Wärme gefertigt. Je nach Modell lassen sich Dollenabstand, Höhe und Längsposition einstellen. Es gibt zum Bug und zum Heck ausgerichtete Varianten. Der Ausleger muss hohe wechselnde Kräfte aufnehmen; seine Steifigkeit beeinflusst, wie genau die eingestellte Geometrie unter Last erhalten bleibt.

Lösung 41: C – Das maximale Laktat-Steady-State bezeichnet die höchste konstante Belastung mit weitgehend stabiler Blutlaktatkonzentration. Zur Bestimmung dienen mehrere längere Ergometertests bei unterschiedlichen Leistungen. Häufig werden 30 Minuten pro Test verwendet. Ein verbreitetes Kriterium erlaubt höchstens einen Anstieg um 1 mmol/l zwischen Minute 10 und 30. Die zugehörige Laktatkonzentration unterscheidet sich zwischen Personen und Sportarten. Ein fester Wert von 4 mmol/l ersetzt diese Prüfung daher nicht zuverlässig. Die ermittelte Leistung hilft bei der Einordnung intensiver Ausdauerbelastungen und ist von der maximalen Sauerstoffaufnahme zu unterscheiden.

Lösung 42: C – Der Durchzug beginnt mit Druck gegen das Stemmbrett und der Streckung der Beine. Die Arme übertragen die Belastung zunächst weitgehend gestreckt. Der Rumpf bleibt dabei stabilisiert. Anschließend verstärkt das Aufschwingen des Oberkörpers den Zug; die Armbeugung vollendet ihn. Diese Teilbewegungen gehen fließend ineinander über. In der Auslage stehen die Unterschenkel ungefähr senkrecht, die Schultern bleiben entspannt. Am Schlagende sind die Beine gestreckt und die Hände körpernah. Entscheidend ist die koordinierte Bewegung: Eine feste prozentuale Aufteilung der erzeugten Energie auf Beine, Rumpf und Arme beschreibt keinen allgemeingültigen Messwert.

Lösung 43: D – Halteleinen müssen während des Schleusens dem wechselnden Wasserstand folgen können und jederzeit lösbar bleiben. Eine fest belegte Leine kann das Boot beim Absenken aufhängen oder beim Ansteigen unter Wasser ziehen. Auch Dollenstifte dürfen sich nicht an Vorsprüngen der Wand verhaken. Zwischen benachbarten Ruderbooten müssen die Ausleger frei bleiben. Schwimmpoller sind keine Garantie, weil sie bei geringer Belastung stockend nachlaufen können. Die Mannschaft wird vor der Einfahrt über die Aufgaben informiert. Der Bootsobmann behält die gesamte Situation im Blick. Eine Schleusung erfordert Aufmerksamkeit bis zur sicheren Ausfahrt.

Lösung 44: B – Die CoxBox verbindet Sprachverstärkung mit ruderbezogenen Messfunktionen. Zur Anlage gehören ein Mikrofon, Lautsprecher im Boot und ein versorgtes Anzeigegerät. Das ursprüngliche Konzept vereinte bereits Verstärker, wiederaufladbare Batterien, Zeitmessung und Schlagzahlerfassung. Nielsen-Kellerman entstand 1978 rund um diese Entwicklung. Die Anzeige hilft, Kommandos mit dem gefahrenen Rhythmus abzugleichen. Lautsprecher entlang eines langen Mannschaftsbootes verbessern die Verständlichkeit auch auf entfernten Plätzen. Spätere Ausführungen können zusätzliche Messmöglichkeiten besitzen; die klassische Aufgabe bleibt die hörbare Kommunikation zwischen Steuerperson und Mannschaft.

Lösung 45: B – Die olympische Ruderpremiere fand 1900 auf der Seine zwischen Courbevoie und Asnières statt. Für Athen 1896 waren zwar Wettbewerbe vorgesehen, sie fielen jedoch wegen schlechten Wetters aus. Die Pariser Strecke maß etwa 1750 Meter. Auf dem Programm standen Einer, Zweier mit Steuermann, Vierer mit Steuermann und Achter. Im Vierer wurden zwei verschiedene Finals ausgetragen, deren Sieger olympisch anerkannt werden. Der US-amerikanische Vesper Boat Club gewann das Achterrennen. Feste 2000 Meter waren damals noch keine durchgehend etablierte olympische Distanz. Auch bei den nächsten Spielen variierten die Streckenlängen.

Lösung 46: C – Bei Masters zählt das durchschnittliche Alter der Rudernden; eine Steuerperson geht nicht in diese Rechnung ein. International beginnt die Teilnahme im Kalenderjahr des 27. Geburtstags. Ein Zweier mit den Jahresaltern 60 und 28 kommt auf einen Durchschnitt von 44 Jahren. Er erfüllt damit die Altersschwelle der Kategorie C, die bei 43 Jahren liegt. Kategorie B beginnt bei 36, Kategorie D bei 50 Jahren. Die Rennen der World-Rowing-Mastersregatta führen über 1000 Meter. Dort starten auch gemischte Mannschaften. Jede einzelne siegreiche Mannschaft erhält eine Medaille ohne anschließendes gemeinsames Finale.

Lösung 47: C – Thomas Eakins malte das Bild 1871 nach seiner Rückkehr aus Europa. Es zeigt seinen Schulfreund Max Schmitt, einen Rechtsanwalt und erfolgreichen Amateurruderer. Wahrscheinlich erinnert es an dessen Sieg bei einem Rennen auf dem Schuylkill River im Oktober 1870. Eakins fügte sich selbst als Ruderer im Mittelgrund hinzu. Das Werk gehört zu einer Reihe von Darstellungen des Skullens. Es wurde mit Ölfarben auf Leinwand ausgeführt und misst ungefähr 82 mal 118 Zentimeter. Seit 1934 gehört es zur Sammlung des Metropolitan Museum of Art in New York.

Lösung 48: A – Beim Rollauslegerprinzip bleibt der Sitz fest mit dem Rumpf verbunden. Die Füße bewegen über das Stemmbrett den mitlaufenden Ausleger, an dem die Dollen sitzen. Die Beine können weiterhin beugen und strecken. Gegenüber einem Rollsitzboot verschiebt sich dadurch weniger Körpermasse längs durch den Rumpf. Das verändert dessen Beschleunigungsschwankungen und die Nickbewegung. Die Grundidee war bereits im 19. Jahrhundert bekannt. Volker Nolte untersuchte später das Prinzip mit Computermodellen. Leo Wolloner setzte die Weiterentwicklung bei Empacher in ein Boot um. Ab 1981 wurden mit solchen Konstruktionen internationale Medaillen gewonnen.

Lösung 49: A – Die Concept2-Umrechnung verknüpft Leistung und angezeigte Geschwindigkeit kubisch. Eine halbierte Zeit pro 500 Meter bedeutet doppelte Geschwindigkeit und damit achtfache Leistung. Bei 2:00 Minuten ergeben sich rund 203 Watt. Für 1:00 Minute wären rechnerisch etwa 1620 Watt erforderlich. Das Beispiel beschreibt eine Umrechnung, keine Empfehlung für eine dauerhaft haltbare Belastung. Schon kleine Verbesserungen schneller Pace-Werte verlangen deshalb erhebliche zusätzliche Leistung. Eine Verdopplung der Wattzahl halbiert die Zeit gerade nicht. Die mathematische Beziehung hängt zudem nicht davon ab, wie viele Schläge pro Minute ausgeführt werden.

Lösung 50: A – Der Fuß wird auf das ausdrücklich dafür vorgesehene Einsteigebrett gesetzt. Die dünne Bootshaut trägt punktuelle Trittbelastungen nicht zuverlässig. Der Rollsitz bleibt frei, damit man sich anschließend kontrolliert daraufsetzen kann. Beim Skullen werden die Griffe so gehalten, dass die Ruder zur Stabilisierung beitragen. Die wasserseitige Dolle muss ordnungsgemäß geschlossen sein. Anfänger erhalten beim ersten Einstieg Unterstützung am Steg. Welche Hand wo greift, hängt von der Bootsart und der eingeübten Methode ab. Ausschlaggebend ist die Kombination aus kontrollierter Gewichtsverlagerung und tragfähiger Trittfläche. Das verhindert sowohl Materialschäden als auch unnötige Gleichgewichtsprobleme.

Lösung 51: D – World Rowing schreibt für Achter mindestens zwei Rumpfabschnitte vor; kein Abschnitt darf länger als 11,90 Meter sein. Die Teilbarkeit erleichtert insbesondere weite Transporte. An den Trennstellen verbinden passend ausgeführte Flansche die Abschnitte wieder zu einem belastbaren Rumpf. Für das Rudern müssen diese Verbindungen fest verschraubt sein. Demontierbare Ausleger verringern zusätzlich den benötigten Transportraum. Schutzauflagen verhindern punktuelle Belastungen der dünnen Bootsschale. Beim Wiederaufbau wird auch die Ausrichtung der verbundenen Teile kontrolliert. Die Vorgabe zur Abschnittslänge ist keine allgemeine Erlaubnis für jede Transportart oder jede Straßenroute.

Lösung 52: B – Beim plötzlichen Eintauchen kann Kaltwasserschock unwillkürliches Luftholen und unkontrolliert schnelle Atmung auslösen. Wasser kann dabei schon früh eingeatmet werden. Auch Herzfrequenz und Blutdruck steigen. Diese Anfangsreaktion ist von der späteren Unterkühlung des Körperkerns zu unterscheiden. Selbst geübte Schwimmer sind nicht davor geschützt. Warmes Wetter garantiert keine ungefährliche Wassertemperatur, besonders im Frühjahr. Nach einer Kenterung müssen zunächst die Atemwege über Wasser bleiben und die Atmung unter Kontrolle kommen. Ein erreichbares, schwimmfähiges Boot bietet Halt. Geeignete Rettungswesten und vorbereitete Hilfe sind deshalb wichtige Teile der Ausfahrtsplanung.

Lösung 53: C – Der Seitenrichter blickt längs der Startlinie auf die Bugspitzen. So lässt sich erkennen, ob ein Boot bereits weiter vorn liegt. Bei ordnungsgemäßer Ausrichtung signalisiert er dem Starter die Bereitschaft. Nach den deutschen Regeln dient dafür eine weiße Fahne. Einen erkannten Fehlstart zeigt er mit Rot an. Das Startkommando erteilt dagegen der Starter. Ausrichten und Starten sind somit getrennte Aufgaben. Die seitliche Perspektive ist entscheidend, weil ein Blick schräg von hinten räumliche Abstände verzerren kann. Auch bei unterschiedlich langen Booten wird dieselbe Bezugslinie an den Bugspitzen verwendet.

Lösung 54: B – Elisabeta Lipă gewann für Rumänien fünf olympische Goldmedaillen sowie zweimal Silber und einmal Bronze. Ihre sechs Olympiateilnahmen reichten von Los Angeles 1984 bis Athen 2004. Das erste Gold holte sie im Doppelzweier. In Barcelona 1992 siegte sie im Einer und gewann zusätzlich Silber im Doppelzweier. Die weiteren drei Goldmedaillen folgten 1996, 2000 und 2004 im Achter. Sie war somit sowohl im Skullen als auch im Riemenrudern erfolgreich. Zwischen ihrem ersten und letzten Olympiasieg lagen zwanzig Jahre. 2008 erhielt sie für ihre Laufbahn die Thomas-Keller-Medaille.

Lösung 55: B – Am Stemmbrett stützen sich die Füße ab und übertragen die Beinkraft auf das Boot. Daran sitzen je nach Ausstattung Schuhe oder Fußhalterungen. Die Längsposition wird an die Körperproportionen angepasst. Diese Einstellung beeinflusst Auslage und Endzug relativ zu den Dollen. Auch Neigung und Höhe der Fußauflage können das Bewegungsgefühl verändern. Der Rollsitz bewegt sich auf eigenen Schienen und ist kein Teil des Stemmbretts. Bei fest eingebauten Schuhen helfen Fersenrückhaltebänder beim schnellen Aussteigen nach einer Kenterung. Ein vorhandenes Fußsteuer kann mit einem beweglichen Schuh verbunden sein.

Lösung 56: D – Der gewonnene Münzwurf berechtigt zur Wahl der Station Middlesex oder Surrey. Middlesex bezeichnet die nördliche, Surrey die südliche Flussseite. Die Benennungen begegnen den Mannschaften bereits bei ihren internen Testrennen. Durch die Flussbiegungen wechseln Vorteile im Verlauf des Kurses. Auch Wind und Strömung fließen in die Wahl ein. Die beiden Mannschaften rudern anschließend gleichzeitig los; der Münzwurf vergibt keinen zeitlichen Vorsprung. Ebenso wenig berechtigt die Wahl dazu, den Gegner beliebig abzudrängen. Die Steuerleute müssen daher sowohl die Strecke als auch die Stärken ihrer eigenen Mannschaft berücksichtigen.

Lösung 57: D – Der Freilauf wird geordnet vorbereitet: Die Hände bewegen sich vom Körper weg, und der Oberkörper schwingt aus der Hüfte nach vorn. Die Beine bleiben zunächst gestreckt. Erst wenn die Hände die Knie passiert haben, beginnt das Anrollen. So entsteht Platz für die Griffe, ohne dass sie über angezogene Knie gehoben werden müssen. Die Schultern werden vor dem weiteren Vorrollen passend zur Hüfte positioniert. Das Anrollen soll ruckfrei erfolgen. Zum Wasserfassen werden die Blätter vorbereitet. Wie lange der Freilauf dauert, verändert sich mit Schlagfrequenz und Rennsituation.

Lösung 58: A – Im Skullboot bezeichnet der Dollenabstand die horizontale Entfernung zwischen den Mittelpunkten beider Dollenstifte eines Platzes. Die Stifte sind die Drehachsen der Dollen. Zusätzlich kann man beide Seiten einzeln zur Bootsmitte vermessen, um Asymmetrien zu erkennen. Im Riemenboot wird dagegen von der Bootsmitte zum einzelnen Dollenstift gemessen. Verstellbare Ausleger erlauben Änderungen dieses Maßes. Eine Veränderung beeinflusst zusammen mit der Innenhebellänge die Geometrie des Ruderschlags. Deshalb wird nach einer Korrektur auch die Position am Stemmbrett überprüft. Maßgeblich sind die Achsen, nicht die Außenkanten der Dollen.

Lösung 59: A – Die Ruder-Bundesliga ist eine Rennserie für Achter mit kurzen Sprintdistanzen. Als Grundlänge sind 350 Meter vorgesehen; örtliche Bedingungen können Abweichungen erfordern. Die kompakte Strecke erleichtert es Zuschauern, ein Rennen vollständig zu verfolgen. Ein Renntag beginnt mit einem Zeitfahren zur Einordnung der Teams. Darauf folgen direkte Duelle und Platzierungsrennen. Aus dem Tagesergebnis entstehen Punkte für die Ligatabelle. Die Serie wurde 2009 eingeführt. Mehrere Starts an einem Tag verlangen neben einem schnellen Antritt auch die Fähigkeit, sich zwischen den Rennen zu erholen und die Mannschaft wiederholt präzise abzustimmen.

Lösung 60: A – Präzises Wasserfassen begrenzt den Luftschlag: Bereits zurückgelegter Ruderwinkel liefert kaum Vortrieb, solange das Blatt noch nicht wirksam im Wasser steht. Vor dem Einsatz muss es rechtzeitig aufgedreht sein. Die Hände steuern seine Höhe; dabei dreht sich der Schaft in der Dolle wie ein Hebel. Ein geringer, kontrollierter Abstand zum Wasser erleichtert das Setzen. Zu spätes Aufdrehen kann den Einsatz verzögern. Ein nachträgliches Strecken des Oberkörpers stört ebenfalls den Übergang. Im Mannschaftsboot kommt die zeitliche Abstimmung aller Blätter hinzu. Kräftiger Druckaufbau verlangt deshalb zuerst einen sauber vorbereiteten Einsatz.

Lösung 61: B – Concept2 brachte 1991 das Big Blade mit seiner auffälligen asymmetrischen Kontur heraus. Die englische Bezeichnung „hatchet" verweist auf die beilartige Form. Das Blatt wurde rasch im Rennsport eingesetzt. Zur Produktentwicklung gehörten sowohl Ausführungen für Riemen als auch für Skulls. Die veränderte Form beeinflusste die Belastung des Ruders während des Durchzugs und erforderte passende Hebeleinstellungen. Ein größer wirkendes Blatt bedeutet daher nicht automatisch, dass man dieselbe Ruderlänge beibehält. Spätere Concept2-Formen entwickelten das Konzept weiter. Blattform, Schaftsteifigkeit und Einstellung bleiben unterschiedliche Eigenschaften eines Ruders.

Lösung 62: B – Beim WaterRower setzt der Griff ein Paddel im wassergefüllten Tank in Bewegung. Schnelleres Ziehen erhöht den Strömungswiderstand. Das Wasser bleibt dabei im geschlossenen Behälter. Seine Bewegung verursacht das charakteristische Plätschern. Der Rollsitz ermöglicht den Einsatz der Beine. Luftgebremste Geräte erzeugen ihren Widerstand dagegen mit einem Ventilatorrad. Bei beiden Prinzipien beeinflusst die eigene Arbeit die Belastung unmittelbar. Eine schwere Tankfüllung bedeutet deshalb keinen unveränderlichen Widerstand pro Schlag. Auch das Gefühl eines solchen Geräts bildet die Balance und die Blattführung eines frei schwimmenden Ruderbootes nicht vollständig ab.

Lösung 63: B – Wer den Ausguck übernimmt, muss den Bereich in Fahrtrichtung regelmäßig tatsächlich kontrollieren. Ruderer schauen im normalen Bewegungsablauf zum Heck; ein freier Blick vor den Bug entsteht deshalb nicht von selbst. Auch ein mit Fußsteuer versehenes Boot benötigt diese Beobachtung. Hindernisse können Boote, Schwimmer, Treibgut oder Uferanlagen sein. Vor Manövern ist zusätzliche Aufmerksamkeit nötig. In unübersichtlichen Situationen müssen Tempo und Fahrweise angepasst werden. Die Aufgaben sollten vor der Ausfahrt geklärt sein. Eine frühe, verständliche Warnung gibt der Mannschaft Zeit, den Schlag zu unterbrechen, zu stoppen oder den Kurs zu korrigieren.

Lösung 64: A – Der Bugball bedeckt die gefährliche Spitze des Rennruderbootes und verbessert ihre Sichtbarkeit. World Rowing verlangt eine helle weiße Kugelform mit mindestens vier Zentimetern Durchmesser. Ein angesetzter Ball muss fest sitzen. Seitlicher Druck darf ihn nicht wesentlich wegknicken. Die schützende Form kann auch unmittelbar in den Rumpf integriert sein, sofern Schutz und Sichtbarkeit gleichwertig bleiben. Ein bestimmtes Gummimaterial ist damit keine allgemeine Voraussetzung. Der Ball ersetzt weder ausreichenden Abstand noch vorausschauendes Steuern. Seine Befestigung gehört deshalb ebenso zur Kontrolle vor dem Ablegen wie die übrige sicherheitsrelevante Bootsausstattung.

Lösung 65: D – Für den Zieldurchgang ist der Bug des Bootes maßgeblich. Vorgehaltene Ruderblätter verschaffen deshalb keinen früheren Zieleinlauf. Ebenso wenig verändert die Körperhaltung der Bugperson den maßgeblichen Bezugspunkt. Bei knappen Abständen unterstützt ein Zielfoto die Reihenfolgeentscheidung. Eine unvollständige Mannschaft kann nach den internationalen Regeln grundsätzlich gewertet werden; fehlt jedoch in einem gesteuerten Boot die Steuerperson, wird die Mannschaft ausgeschlossen. Zielrichter stellen Zeiten und Platzierungen fest. Das Erreichen der Linie ist vom offiziellen Abschluss des Rennens zu unterscheiden: Die Schiedsrichter bestätigen zusätzlich, ob der Rennverlauf ordnungsgemäß war.

Lösung 66: D – Beim Kisteschieben bewegt sich der Rollsitz im beginnenden Durchzug schneller als der Griff, weil Hüfte und Oberkörper nachgeben. Dadurch vergrößert sich die Oberkörpervorlage trotz Beinstreckung. Die Beinkraft erreicht den Innenhebel nur unzureichend. Späteres starkes Aufrichten kann den verlorenen Vorderzug nicht einfach ersetzen. Zu große Vorlage und unpassende Stemmbretteinstellungen können den Fehler begünstigen. Übungen mit verkürzter Rollbahn erleichtern die Kopplung der Bewegungen. Eine seitliche Videoaufnahme zeigt das Verhältnis von Sitz und Griff besonders deutlich. Entscheidend ist eine tragfähige Verbindung zwischen Stemmbrett, Rumpf und Händen.

Lösung 67: A – Steve Redgrave gewann 1984, 1988, 1992, 1996 und 2000 jeweils olympisches Gold. Den Anfang machte ein Vierer mit Steuermann in Los Angeles. In Seoul siegte er mit Andy Holmes im Zweier ohne Steuermann. Zusätzlich holten beide dort Bronze im Zweier mit Steuermann. Die Zweiergoldmedaillen von Barcelona und Atlanta gewann Redgrave mit Matthew Pinsent. In Sydney folgte Gold im Vierer ohne Steuermann. Alle diese olympischen Erfolge gelangen ihm im Riemenrudern. Seine insgesamt sechs olympischen Medaillen verteilen sich damit auf vier Bootsklassen. Nach Sydney beendete er seine aktive Spitzenkarriere.

Lösung 68: A – Ein kürzerer Innenhebel verlangt bei gleicher Blattkraft und gleichem Außenhebel mehr Kraft am Griff. Entscheidend ist das Drehmoment: Kraft mal Hebelarm. Der Innenhebel reicht vom Griffende zum Bereich des Klemmrings an der Dolle, der Außenhebel von dort zum Blattende. Der Klemmring legt die Auflageposition fest. Eine Verschiebung verändert häufig beide Hebellängen gleichzeitig. Deshalb muss man bei Einstellversuchen die Gesamtlänge mitbetrachten. Auch Blattfläche und Bootscharakter beeinflussen das empfundene Zuggewicht. Beim Skullen wirkt sich ein veränderter Innenhebel zusätzlich auf die Überlappung der Griffe aus.

Lösung 69: D – Beach Sprint verbindet Laufen am Strand mit einer kurzen Ruderstrecke. Eine Person läuft vom Start zum Boot; im Doppelzweier wartet das andere Mannschaftsmitglied bereits dort. Auf dem Hinweg führt ein Slalom durch Bojen. Die äußere Wendeboje liegt beim Standardkurs 250 Meter vom Ufer entfernt. Zurück geht es auf direkterem Weg zum Strand. Nach dem Aussteigen entscheidet der abschließende Lauf über den Zieleinlauf. Bootshalter helfen beim Starten und Anlanden. Neben der Ruderleistung beeinflussen deshalb auch Bootswechsel, Wendentechnik und der Umgang mit Wellen das Ergebnis.

Lösung 70: C – In Atlanta 1996 wurden erstmals olympische Medaillen im Leichtgewichtsrudern vergeben. Das neue Programm umfasste den Frauen-Doppelzweier, den Männer-Doppelzweier und den Männer-Vierer ohne Steuermann. Die Regatta fand auf dem Lake Lanier statt. Im Frauen-Doppelzweier gewannen Constanţa Burcică und Camelia Macoviciuc aus Rumänien. Bei den Männern siegten die Schweizer Brüder Markus und Michael Gier im Doppelzweier. Den Vierer gewann Dänemark. Leichtgewichtsrudern war auf internationaler Ebene älter: Männerwettbewerbe gehörten bereits seit 1974 zu den Weltmeisterschaften.

Lösung 71: B – Die Finne unterstützt die Richtungsstabilität, indem sie seitlichem Ausweichen im Wasser entgegenwirkt. Sie sitzt an der Unterseite des Bootes in Richtung Heck. Eine Drehung des Bootes um die Hochachse heißt Gieren. Nach den internationalen Bauvorgaben müssen Finnen fest und senkrecht am Rumpf angebracht sein. Ein bewegliches Steuerblatt erfüllt eine andere Aufgabe: Sein Ausschlag erzeugt gezielt eine Kursänderung. Es kann konstruktiv mit der Finne verbunden sein. Hersteller bieten beispielsweise Aluminium- und Carbonfinnen an. Ihre Formen unterscheiden sich unter anderem in Tiefgang, Umriss und Größe der Befestigungsfläche am Rumpf.

Lösung 72: C – Im Skull-Leitbild des Deutschen Ruderverbandes liegt die rechte Hand unter der linken und etwas näher am Körper. Diese Zuordnung gilt beim Durchzug ebenso wie im Freilauf. Die Griffe überlappen sich im mittleren Bereich des Schlages; deshalb müssen die Hände aneinander vorbeigeführt werden. Ihr Abstand soll dabei klein bleiben. Passende Dollenhöhen unterstützen die Führung. Im Mannschaftsboot erleichtert eine vereinbarte Ausführung das gemeinsame Rudern. Die leicht unterschiedliche Handposition kann auch zu Unterschieden im Bewegungsweg beider Innenhebel beitragen. Entscheidend ist deshalb die Abstimmung von Technik und Bootseinstellung.

Lösung 73: A – Zusatzgewicht gleicht ein Unterschreiten des für Steuerleute vorgeschriebenen Mindestgewichts aus. Die internationalen Regeln nennen 55 Kilogramm in Rennkleidung und höchstens 15 Kilogramm Ausgleichsgewicht. Dieses Gewicht wird nahe bei der Steuerperson mitgeführt. Die Kontrolle erfolgt durch Wiegen; auch das Zusatzgewicht kann überprüft werden. Es ersetzt nicht das gesondert vorgeschriebene Bootsgewicht. Eine leichte Steuerperson bleibt für die Mannschaft dennoch eine anspruchsvolle Besetzung: Zu ihren Aufgaben gehören Kursführung, verständliche Kommandos, Rennübersicht und die Umsetzung des gemeinsam vereinbarten Rennplans.

Lösung 74: B – Das erste Boat Race wurde am 10. Juni 1829 bei Henley auf der Themse ausgetragen und von Oxford gewonnen. Die Initiative ging von den befreundeten Studenten Charles Merivale und Charles Wordsworth aus. Cambridge forderte Oxford zum Wettkampf heraus. Oxford trat in dunkelblauen Trikots an; Cambridge trug damals rosafarbene Schärpen. Die zweite Begegnung fand erst 1836 statt und wurde nach London verlegt. In den Anfangsjahrzehnten gab es noch keinen durchgehenden Jahresrhythmus. Erst ab 1856 etablierte sich die grundsätzlich jährliche Austragung der Begegnung.

Lösung 75: D – Beim Skullen hält jede Person zwei Skulls, eines in jeder Hand. Beim Riemenrudern wirken beide Hände auf einen Riemen, der auf einer Bootsseite geführt wird. Ein Doppelzweier besitzt damit vier Ruder, ein Riemenzweier zwei. Das Wort „Doppel“ bezeichnet in solchen Bootsnamen die Skulltechnik und keine zusätzliche Sitzreihe. Riemen sind üblicherweise länger als Skulls. Beide Techniken nutzen die Beine über einen beweglichen Sitz. Auch das Aufdrehen vor dem Wasserfassen und das Abdrehen im Freilauf gehören zu beiden Formen. Die Blattform allein verrät daher die Technik nicht.

Lösung 76: B – Der Kern hält die tragenden Deckschichten auseinander und erhöht so die Biegesteifigkeit, ohne viel Masse hinzuzufügen. Bei Rennruderbooten kommen beispielsweise Wabenkerne aus Nomex oder Schaumkerne zum Einsatz. Die Deckschichten können Kohlenstoff- oder Aramidfasern enthalten. Bei Biegung nimmt eine Deckschicht überwiegend Zug, die andere Druck auf. Der Kern überträgt Schubkräfte und stützt die dünnen Schichten. Die feste Verklebung zwischen allen Lagen ist deshalb wesentlich. Beschädigungen oder Ablösungen können die Tragwirkung schwächen. Empacher verwendet beispielsweise Wabenmaterial in der Außenhaut und Schaumkerne in bestimmten inneren Bauteilen.

Lösung 77: D – Die Kenngröße verknüpft zwei Messungen: die maximale Sauerstoffaufnahme und die gleichzeitig erreichte mechanische Leistung. Die Leistung wird in Watt angegeben; die Sauerstoffaufnahme wird beispielsweise in Litern pro Minute oder auf das Körpergewicht bezogen erfasst. Ein Ergometertest kann die Belastung stufenweise erhöhen. Eine Atemgasanalyse erfasst dabei die Sauerstoffaufnahme. In Untersuchungen stand die Leistung bei maximaler Sauerstoffaufnahme eng mit der 2000-Meter-Ergometerleistung in Zusammenhang. Zusätzlich können beispielsweise maximale Kurzzeitleistung und Werte an definierten Laktatkonzentrationen betrachtet werden. Eine solche Messgröße erklärt jedoch nicht automatisch die Bootsleistung, zu der auch Wasserarbeit, Balance und Mannschaftsabstimmung beitragen.

Lösung 78: B – Im Mannschaftsboot gelten eine persönliche Obergrenze und eine zusätzliche Grenze für das Durchschnittsgewicht. Bei Männern lauten die internationalen Werte 72,5 Kilogramm einzeln und 70 Kilogramm im Mittel. Bei Frauen sind es 59 beziehungsweise 57 Kilogramm. Ein Männerduo mit 72 und 68 Kilogramm erfüllt damit beide Bedingungen. Zwei Männer mit jeweils 72 Kilogramm überschreiten dagegen den zulässigen Durchschnitt. Geringe Körpergröße oder ein niedriger Körperfettanteil ersetzen das Wiegen nicht. Im Einer entfällt naturgemäß ein Mannschaftsdurchschnitt; dort gilt die jeweilige Einzelgrenze.

Lösung 79: C – Die Thomas-Keller-Medaille würdigt eine außergewöhnliche Ruderkarriere und den Beitrag einer Sportpersönlichkeit zum Rudern. World Rowing berücksichtigt dafür fünf Gesichtspunkte: internationale Erfolge, den Verlauf der Laufbahn, technische Meisterschaft, sportliche Haltung und besondere Ausstrahlung. Auch bewältigte Schwierigkeiten können in die Bewertung eingehen. Erfolge im Skullen und Riemenrudern können Vielseitigkeit zeigen, sind aber keine vorgeschriebene Kombination. Die Ehrung richtet sich grundsätzlich an bereits zurückgetretene Aktive. Geehrte erhalten dauerhaften Zugang zu Weltmeisterschaften über ein Akkreditierungsverfahren. Steve Redgrave wurde 2001 ausgezeichnet, Elisabeta Lipă 2008. Eine feste Zahl olympischer Goldmedaillen ist keine Voraussetzung.

Lösung 80: B – Bei Faserverbundschäften bestimmen unter anderem Fasermaterial, Orientierung, Schichtaufbau und Geometrie das Biegeverhalten. Kohlenstofffasern ermöglichen ein günstiges Verhältnis von Steifigkeit und Gewicht. Das umgebende Harz verbindet die Fasern und überträgt Belastungen zwischen ihnen. Hersteller bieten unterschiedliche Steifigkeitsabstufungen für verschiedene Bedürfnisse an. Ein dünnerer Schaft kann den Luftwiderstand verringern, verlangt aber eine passende Konstruktion. Hochmodulfasern erlauben andere Querschnitte als weniger steife Fasern. Schaft und Blatt sind getrennt zu betrachtende Bauteile. Auch mit gleichem Blatt kann sich ein Ruder durch einen anderen Schaft spürbar anders anfühlen.

Lösung 81: D – Die Indoor-Weltmeisterschaften 2025 wurden vollständig virtuell ausgetragen. Teilnehmende konnten an ihren eigenen Standorten rudern und waren für unmittelbare Rennen miteinander verbunden. Dafür wurden Concept2-Geräte verwendet. Die Vorläufe berücksichtigten unterschiedliche kontinentale Zeitzonen. Auf dem Programm standen unter anderem 500 und 2000 Meter. Hinzu kamen Staffelwettbewerbe. Der Wettbewerb erstreckte sich über zwei Februarwochenenden. Über Ausscheidungsrunden führte der Weg in die Finals, deren Übertragungen online verfolgt werden konnten. Das Format erforderte somit echte Starts zur vorgegebenen Zeit; eine beliebige ältere Trainingsbestzeit ersetzte kein Rennen.

Lösung 82: D – Beim Himmeln steigen die Blätter vor dem Einsetzen unnötig weit vom Wasser weg. Ursache ist ein Absenken der Hände beziehungsweise Hereindrücken der Innenhebel. Die Dolle wirkt dabei als Drehpunkt: Innen nach unten bedeutet außen nach oben. Der längere Weg bis zur Wasseroberfläche erschwert rechtzeitiges Wasserfassen. Dadurch kann nutzbarer Arbeitswinkel als Luftschlag verloren gehen. Verkrampfte Schultern oder eine ungeeignete Bootseinstellung können das Fehlerbild begünstigen. Zur Korrektur eignet sich langsames Rudern mit festem Sitz und kontrollierter Handhöhe. Eine seitliche Beobachtung zeigt den zusätzlichen Bogen der Blätter besonders gut.

Lösung 83: C – Die für 1896 vorgesehenen Ruderwettbewerbe wurden wegen schlechten Wetters abgesagt. Sie sollten im Raum Piräus stattfinden, wo Wind und Seegang die Austragung verhinderten. Rudern gehörte somit schon zum geplanten Programm der ersten modernen Olympischen Spiele, ohne damals olympische Rennen hervorzubringen. Die tatsächliche Premiere folgte 1900 in Paris. Dort wurde auf der Seine gerudert. Zu den frühen olympischen Klassen gehörten der Einer sowie gesteuerte Mannschaftsboote. Die Absage von 1896 verdeutlicht einen grundlegenden Unterschied zu Hallensportarten: Beim Rudern gehören die Bedingungen des Gewässers unmittelbar zum möglichen Wettkampfablauf.

Lösung 84: A – Der Dämpferhebel steuert, wie viel Luft in das Schwungradgehäuse gelangt. Eine höhere Stellung lässt mehr Luft hinein. Dadurch wird das Schwungrad zwischen den Zügen stärker abgebremst. Beim nächsten Zug verändert sich deshalb das erforderliche Beschleunigen. Die Trainingsintensität wird weiterhin durch den eigenen Krafteinsatz und die Bewegung bestimmt. Die Skala reicht von eins bis zehn. Gleiche Hebelstellungen müssen auf unterschiedlichen Geräten kein gleiches Gefühl ergeben, weil beispielsweise Verschmutzung die Luftströmung beeinflusst. Der Hebel ist somit keine mechanische Gangschaltung, auch wenn dieser Vergleich das unterschiedliche Zuggefühl veranschaulicht.

Lösung 85: D – Im deutschsprachigen Rennrudern bezeichnet Skiff gewöhnlich den Einer. Die internationale Kurzform lautet 1x. An Bord sitzt ein Rudernder, eine zusätzliche Steuerperson gibt es nicht. Zwei Skulls erzeugen den Antrieb. Unterschiede im Druck beider Seiten ermöglichen Kurskorrekturen. Der schmale Rumpf verlangt eine genaue Balance. Rennskiffs unterscheiden sich deutlich von breiteren Gig-Einern, obwohl beide nur einen Ruderplatz besitzen. Die internationale englische Bezeichnung der Rennklasse lautet single sculls. Das englische Wort skiff wird außerhalb dieser Sportverwendung auch für andere kleine Boote benutzt; die Bedeutung hängt deshalb vom Zusammenhang ab.

Lösung 86: A – In Montréal 1976 wurden erstmals olympische Medaillen im Frauenrudern vergeben. Auf dem Programm standen sechs Wettbewerbe: Einer, Doppelzweier, Zweier ohne Steuerperson, Vierer mit Steuerperson, gesteuerter Doppelvierer und Achter. Die Regatta fand im Becken an der Île Notre-Dame statt. Kanada besetzte alle sechs Frauenklassen. Internationale Frauenrennen hatten schon zuvor eine eigene Geschichte: Europameisterschaften wurden seit 1954 ausgetragen. 1974 gehörten Frauen erstmals zum Programm der Ruderweltmeisterschaften. Besonders ungewöhnlich erscheint aus heutiger Sicht der gesteuerte Doppelvierer, der bei dieser frühen olympischen Frauenregatta noch eine eigene Bootsklasse bildete.

Lösung 87: D – Bei den Deutschen Jahrgangsmeisterschaften U17 beträgt die reguläre Distanz 1500 Meter. Diese Altersstufe entspricht den Junioren B. Maßgeblich für die Einordnung ist das im Kalenderjahr erreichte Alter. Junioren A treten bei ihren Meisterschaften über 2000 Meter an. Auch die U23-Meisterschaften nutzen diese längere Strecke. Andere Veranstaltungsformen können deutlich kürzer sein: Die Deutschen Sprintmeisterschaften werden über 300 bis 500 Meter ausgetragen. Eine allgemeine Aussage, deutsche Regatten hätten grundsätzlich dieselbe Länge, wäre daher falsch. Wer einen Start plant, muss neben der Altersklasse auch die konkrete Ausschreibung und das Wettbewerbsformat berücksichtigen.

Lösung 88: C – Ein Ausleger trägt die Dolle außerhalb der schmalen Bootsschale. Damit muss die Rumpfbreite nicht mehr den erforderlichen seitlichen Abstand zum Drehpunkt des Ruders bereitstellen. Der Innenhebel reicht von der Dolle zum Griff, der Außenhebel weiter zum Blatt. Beide Abstände bestimmen die Hebelverhältnisse. Die Streben übertragen die an der Dolle auftretenden Kräfte auf den Rumpf. Ausleger gehörten zu den entscheidenden Neuerungen des Sportbootbaus im 19. Jahrhundert. Sie ermöglichten schmalere Formen; deren geringere seitliche Stabilität verlangt beim Rudern allerdings eine entsprechend sorgfältige Balance.

Lösung 89: C – Der Leander Club entstand 1818 an der Tideway, dem gezeitenabhängigen Abschnitt der Themse in London. 1860 zog er nach Putney. Dort errichtete der Club 1866 ein eigenes Bootshaus. Das Grundstück in Henley wurde erst 1897 erworben, verbunden mit dem Bau eines neuen Clubhauses. Bereits 1831 hatte Leander Oxford in einem Rennen zwischen Hambleden Lock und Henley Bridge besiegt. Die erste olympische Medaille folgte 1908. Seit 1998 können Frauen Mitglieder werden. Zu den bekannten Rudernden des Clubs zählen Steve Redgrave und Matthew Pinsent. Die Vereinsgeschichte ist also deutlich älter als sein Standort in Henley.

Lösung 90: A – Ein Zwilling entsteht, wenn zwei benachbarte Plätze eines Riemenbootes auf derselben Seite geriggert sind. Die sonst häufige Abfolge zwischen Backbord und Steuerbord wird dort unterbrochen. Im Vierer kann beispielsweise auf zwei mittlere gleichseitige Plätze je ein Platz der Gegenseite folgen. Die Mannschaft hat dadurch weiterhin gleich viele Riemen auf beiden Seiten. Solche Anordnungen beeinflussen die seitlichen Drehmomente am Boot. Ihre Wirkung hängt auch davon ab, wann und wie stark die einzelnen Ruderer ziehen. Die Seitenanordnung ist deshalb mit der Abstimmung der Mannschaft verbunden; sie ersetzt saubere gemeinsame Technik nicht.

Lösung 91: C – Auf dem Wasser beeinflussen die Bedingungen die gefahrene Zeit erheblich. Rückenwind kann helfen, Gegenwind bremsen; Strömung und Wellengang verändern den Rennverlauf ebenfalls. Auch Eigenschaften des Wassers und der Strecke spielen mit hinein. Deshalb dokumentiert World Rowing Weltbestzeiten und behandelt sie nicht wie überall unter identischen Bedingungen reproduzierbare Weltrekorde. Die Listen unterscheiden unter anderem Bootsklassen und Wettbewerbskategorien. Eine Bestzeit setzt zudem eine anerkannte Zeitmessung voraus. Der Sieg eines einzelnen Rennens hängt dagegen davon ab, welches Boot dort zuerst ankommt. Eine langsamere Siegerzeit bedeutet somit nicht automatisch eine schwächere sportliche Leistung.

Lösung 92: D – Über 2000 Meter stellt der oxidative Stoffwechsel gewöhnlich den größeren Anteil der benötigten Energie bereit. Anaerobe Prozesse wirken dennoch während des Rennens mit. Zu Beginn steigt die Sauerstoffaufnahme erst an, während die Leistung bereits hoch ist. Im weiteren Verlauf trägt die aerobe Versorgung wesentlich zur Aufrechterhaltung des Tempos bei. Auch im Endspurt bleibt sie beteiligt. Der genaue Anteil hängt unter anderem von Renndauer, Leistungsniveau und Messmethode ab. Untersuchungen unterscheiden außerdem zwischen Ergometer und Wasser. Prozentwerte sind daher Schätzungen für bestimmte Versuchsbedingungen und keine starre Eigenschaft jedes Ruderrennens.

Lösung 93: B – Beim technischen Trimmen wird der Ruderplatz an die jeweilige Person angepasst. Die Stemmbrettposition beeinflusst die Lage zu den Dollen. Seine Höhe muss unter anderem zur Unterschenkellänge passen. Die Neigung verändert die Fußstellung. Auch Innenhebellänge und Dollenabstand wirken zusammen. Die Rollschienen müssen den erforderlichen Sitzweg ermöglichen. Einstellungen sollten zunächst vermessen und anschließend beim Rudern überprüft werden. Ein Vereinsboot kann deshalb für verschiedene Nutzer unterschiedliche Einstellungen benötigen. Schriftlich festgehaltene Maße erleichtern den Wechsel zwischen Personen und machen frühere, gut funktionierende Einstellungen wiederherstellbar.

Lösung 94: B – 2015 wechselte das Frauenrennen auf den Championship Course zwischen Putney und Mortlake. Frauen und Männer traten damit am selben Tag auf derselben Londoner Strecke an. Die Distanz beträgt etwa 6,8 Kilometer. Das erste Frauenrennen hatte bereits 1927 in Oxford stattgefunden. Anfangs wurden auch Stil und Ausführung bewertet. Seit 1964 gehört das Duell dauerhaft zum jährlichen Hochschulsportkalender. Ab 1977 war Henley der regelmäßige Austragungsort gewesen. Die Premiere auf dem Championship Course gewann Oxford. Beide Mannschaften starten traditionell im Achter mit Steuerperson.

Lösung 95: A – Für das Erwachsenen-Fahrtenabzeichen zählt eine eintägige Fahrt ab 30 Kilometern als Wanderfahrt. Bei mindestens zwei aufeinanderfolgenden Rudertagen sind insgesamt 40 Kilometer erforderlich. Das Boot darf zwischendurch nicht zum Bootshaus zurückkehren. Zusammenaddierte Trainingsausfahrten genügen deshalb nicht. Auch Trainingslager werden nicht als Wanderfahrten gewertet. Die Ausschreibung unterscheidet die gesamte Jahresleistung von den darin enthaltenen Wanderkilometern. Deren Anforderungen hängen von der jeweiligen Altersgruppe ab. Erfasst werden die Leistungen über das Fahrtenbuch. Wer nur die Definition einer einzelnen Wanderfahrt erfüllt, hat damit also noch nicht sämtliche Bedingungen für das Jahresabzeichen erfüllt.

Lösung 96: B – Gigboote sind im Verein besonders für Wanderrudern, Freizeitgruppen und Anfängerausbildung verbreitet. Ihre größere Breite erleichtert das Gleichgewicht gegenüber schmalen Rennbooten. Es gibt verschiedene Gigtypen, die sich unter anderem durch Rumpfform und Breite unterscheiden. Die traditionelle A-Gig wird in Klinkerbauweise gebaut. C-Gigs gehören zu den verbreiteten Tourenbooten. Gigboote können mehrere Ruderplätze und einen Steuerplatz haben. Auch moderne Kunststoffe werden verwendet; Gig bedeutet also nicht automatisch Holzboot. Die robustere Konstruktion hebt Belastungsgrenzen nicht auf: Mannschaftsgewicht, Gewässerbedingungen und die tatsächliche Auftriebsfähigkeit bleiben bei der Bootswahl entscheidend.

Lösung 97: A – Beim Krebsfangen gerät ein Blatt so ins Wasser oder bleibt darin hängen, dass die normale Ruderführung verloren geht. Die Bewegung des Bootes wirkt dann gegen das festgehaltene Blatt. Am Innenhebel können erhebliche Kräfte entstehen. Der Griff kann den Rudernden treffen oder aus dem Sitz drücken. Ein solcher Fehler kostet mindestens Rhythmus und Geschwindigkeit. Im schweren Fall kann eine Person aus dem Boot geschleudert werden. Häufig liegen Probleme beim Blattwinkel oder beim Ausheben zugrunde. Die Bezeichnung meint also keinen tatsächlichen Tierkontakt. Saubere Blattarbeit und ein gemeinsam geübter Umgang mit Störungen sind besonders im Mannschaftsboot wertvoll.

Lösung 98: A – Das Rennen ist eng mit den Watermen verbunden, den traditionellen Personenfährleuten der Themse. Thomas Doggett, ein Schauspieler, stiftete den Wettbewerb 1715. Die Strecke führt von London Bridge nach Chelsea zum Cadogan Pier. Sie ist rund 7,4 Kilometer lang und passiert elf Brücken. Der berühmte Siegerpreis besteht aus einem roten Mantel und einem silbernen Abzeichen. Früher benutzten die Teilnehmer Boote ihres Berufsalltags; später setzten sich Renneiner durch. Auch die Gezeiten spielen eine Rolle: Heute wird mit auflaufendem Wasser gerudert. Die Veranstaltung bewahrt damit ein Stück Londoner Flussgeschichte.

Lösung 99: B – smartOar erfasst die beim Rudern aufgebrachte Kraft und stellt ihren Verlauf als Kurve dar. Dehnungsmessstreifen am Schaft reagieren auf dessen Verformung. Die Messdaten können drahtlos übertragen werden. Trainer sehen dadurch mehr als die reine Bootsgeschwindigkeit. Mehrere Ruder lassen sich gleichzeitig vergleichen. Besonders aufschlussreich sind Beginn, Aufbau und Ende der Kraftentfaltung. Die Systeme können Daten außerdem für eine spätere Auswertung speichern. Ähnliche Spitzenkräfte bedeuten dabei noch keine identischen Schläge: Eine schmale Kraftspitze unterscheidet sich deutlich von einem länger anhaltenden Kraftverlauf. Die Interpretation bleibt deshalb eine Trainingsaufgabe.

Lösung 100: C – Das Albano-System grenzt Rennbahnen durch Reihen kleiner Bojen voneinander ab. Seinen Namen erhielt es vom Albano-See bei Rom. Bei den Olympischen Spielen 1960 wurde es erstmals international eingesetzt. Unter den Bojen verlaufen Längsseile; Querverbindungen und Verankerungen sichern ihre Lage. So bleiben parallele Bahnen über die gesamte Strecke erkennbar. Die Mannschaften erhalten dadurch eine durchgehende Orientierung beim Steuern. Das System ist keine Zeitmessanlage und berechnet auch keine Ergebnisbereinigung. Zum Aufbau gehören erheblich mehr Bauteile als die sichtbaren Schwimmkörper. Je nach Anlage kann die Markierung für andere Streckennutzungen umgebaut werden.

Fragen, Lob oder Kritik? Gerne per Mail:

Bei einer Kontaktaufnahme werden die von Ihnen mitgeteilten personenbezogenen Daten – insbesondere Ihr Name, Ihre E-Mail-Adresse sowie der Inhalt Ihrer Nachricht – ausschließlich zum Zwecke der Bearbeitung Ihrer Anfrage sowie für den Fall daran anschließender Fragen elektronisch gespeichert und verarbeitet. Eine Weitergabe dieser Daten an Dritte erfolgt nicht.

 Grübelgold –Friedrich Schäfer - c/o Autorenglück #80064 - Albert-Einstein-Straße 47 - 02977 Hoyerswerda

Dieses Buch wurde in Übereinstimmung mit den GPSR-Richtlinien der EU zur Sicherheit von Produkten erstellt.

Die Verordnung über die allgemeine Produktsicherheit ist der aktualisierte Rahmen der Europäischen Union, um sicherzustellen, dass alle Verbraucherprodukte, einschließlich Bücher, für Verbraucher sicher sind.

Dieses Buch wurde von Libri Plureos GmbH gedruckt. Der Drucker hat Sicherheitszertifikate für die verwendeten Materialien wie Tinte, Papier und Kleber ausgestellt.

Die Produktkennung ist: 9783693190043

Der Autor ist für den Inhalt des Buches verantwortlich und hat das Buch von Bookmundo produzieren lassen.

Sollten Sie Fragen zur Sicherheit des Produkts haben, kontaktieren Sie uns bitte.

Bookmundo
Delftsestraat 33
3013AE Rotterdam
Die Niederlande
info@bookmundo.com